KB253144

겨울 숲유치원

장희정

독일에서 교육학, 심리학을 공부하였다. 독일, 스위스, 영국, 일본 숲유치원 교육 전문가들과 지속적으로 교류하면서, 숲유치원이 우리나라에 바람직하게 정착할 수 있도록 힘쓰고 있다. 현재 '(사)나를 만나는 숲' 연구실장, 한국숲유치원협회 부회장을 맡고 있다. 지은 책으로 「숲유치원」이 있고, 옮긴 책으로는 「흙에서 자라는 아이들」, 「숲으로 가자」, 공저로 「숲유치원에서 쑥쑥 뽑은 누리과정」이 있다.
나를 만나는 숲 cafe.naver.com/f oresteducationkorea

이해경

1968년 시골 마을에 태어났다. 염소에게 꼴을 먹이고 젖을 짜던 어린시절이 소중한 추억으로 남아 있다. 어릴 적 열심히 뛰놀고 자연을 느낄 수 있는 것이 얼마나 소중한지를 알기에 아이들에게 공부보다는 숲이라는 자연을 선물하고 있다. 아이들은 열심히 놀아야 한다는 교육철학을 가지고 숲으로 나가고 있으며, 숲에서 자라는 아이가 건강하고 밝은 사회를 만들 거라는 믿음을 가지고 숲교육에 힘을 쏟고 있다. 현재 전북 익산 고래등어린이집의 원장으로 있다.

겨울 숲유치원

처음 펴낸 날 | 2014년 11월 1일

글, 사진 장희정, 이해경
책임편집 박지웅, 조주희 | **주간** 조인숙 | **편집부장** 박지웅 | **편집** 무하유 | **마케팅** 한광영 | **펴낸이** 홍현숙 | **펴낸곳** 도서출판 호미
등록 1997년 6월 13일(제1-1454호) | **주소** 서울시 마포구 동교로 41길 32 (연남동 1층)
편집 02-332-5084 | **영업** 02-322-1845 | **팩스** 02-322-1846 | **전자우편** homipub@hanmail.net
디자인 (주)끄레 어소시에이츠 | **출력** 문형사 | **제작** 영프린팅 | **제본** 쌍용제책

이 도서의 국립중앙도서관 출판예정도서목록(CIP)은
서지정보유통지원시스템 홈페이지(http://seoji.nl.go.kr)와 국가자료공동목록시스템(http://www.nl.go.kr/kolisnet)에서
이용하실 수 있습니다.(CIP제어번호: CIP2014030663)

ISBN 978-89-97322-20-6 13370
값 13,000원

호미) 생명을 섬깁니다. 마음밭을 일굽니다.

크리스마스 행사와 숲놀이
겨울 숲유치원

글, 사진 | 장희정, 이해경

초미

차례

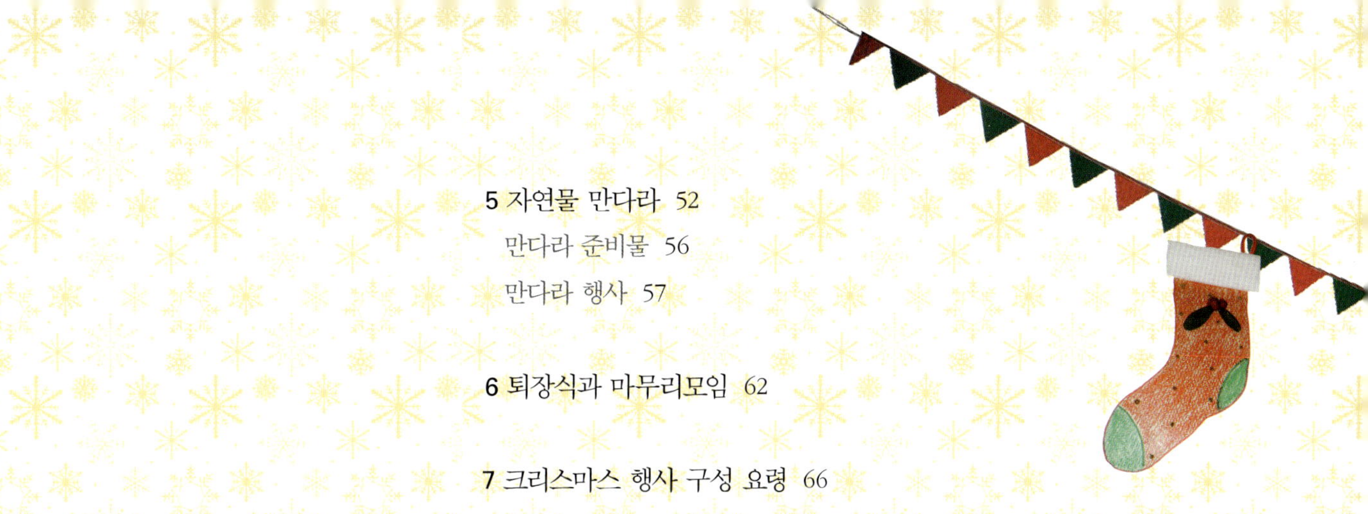

겨울 숲놀이 77

김장 준비 | 김치를 담가요 | 밀빵 만들기 | 얼음 깨기 | 흙 케이크 만들기 | 눈 케이크 만들기 | 눈썰매 타기 | 자연물 그림 그리기 | 만다라 꾸미기 | 크리스마스 카드 만들기 | 솔방울 트리 만들기 | 밀랍 초 만들기 | 땅속 애벌레 찾기 | 겨울잠을 자요 | 천사날개 그리기 | 솔잎 자전거 타기 | 이글루 만들기 | 냉이 캐기 | 소 여물 주기 | 무 수확하기 | 땅콩 캐기 | 조릿대 손질하기 | 눈사람 만들기 | 나무 둘레 재기 | 벌집 찾기 | 나뭇잎 꾸미기 | 솔방울 둥근 화환 만들기 | 사방치기 | 박쥐와 나방 놀이 | 무궁화 꽃이 피었습니다 | 시장 놀이 | 새 둥지 만들기

숲유치원의
사계절 숲놀이
겨울편

산타클로스는 정말 있을까? 산타클로스가 실제로 존재한다고 믿는 어른은 거의 없을 테지만, 그가 세상 어딘가에 있을 거라고 믿고 또 루돌프 사슴이 끄는 마차에 선물을 싣고 밤하늘을 날아다니며 선물을 나누어 줄 거라고 믿는 아이들은 있다. 이렇듯 아름다운 꿈과 사랑이 깃들어 있는 것이 동심이다. 아이들이 아름다운 꿈을 가슴에 품고 세상을 바라보며 자랄 수 있도록 하는 것은 우리 어른의 몫이다.

이 책 「겨울 숲유치원」은 숲유치원의 사계절 숲놀이 시리즈를 여는 첫 번째 책으로서, 크리스마스 행사와 겨울 숲놀이 32가지로 구성되어 있다. 크리스마스 행사는 성극을 중심으로 이루어져 있다. 성극에 필요한 대본에서부터 의상 만들기, 무대 배경 그림 만들기, 음향 시설과 음악 시디 준비, 음식상 차림 등에 대해 상세히 안내한다. 그리고 겨울 숲놀이 32가지는 겨울에도 아이들이 재미있고 활기차게 숲활동을 할 수 있는 다채로운 방법을 소개한다. 크리스마스 행사와 더불어 겨울 숲놀이를 실어 겨울 활동을 준비하는 데 도움이 되고자 하였다.

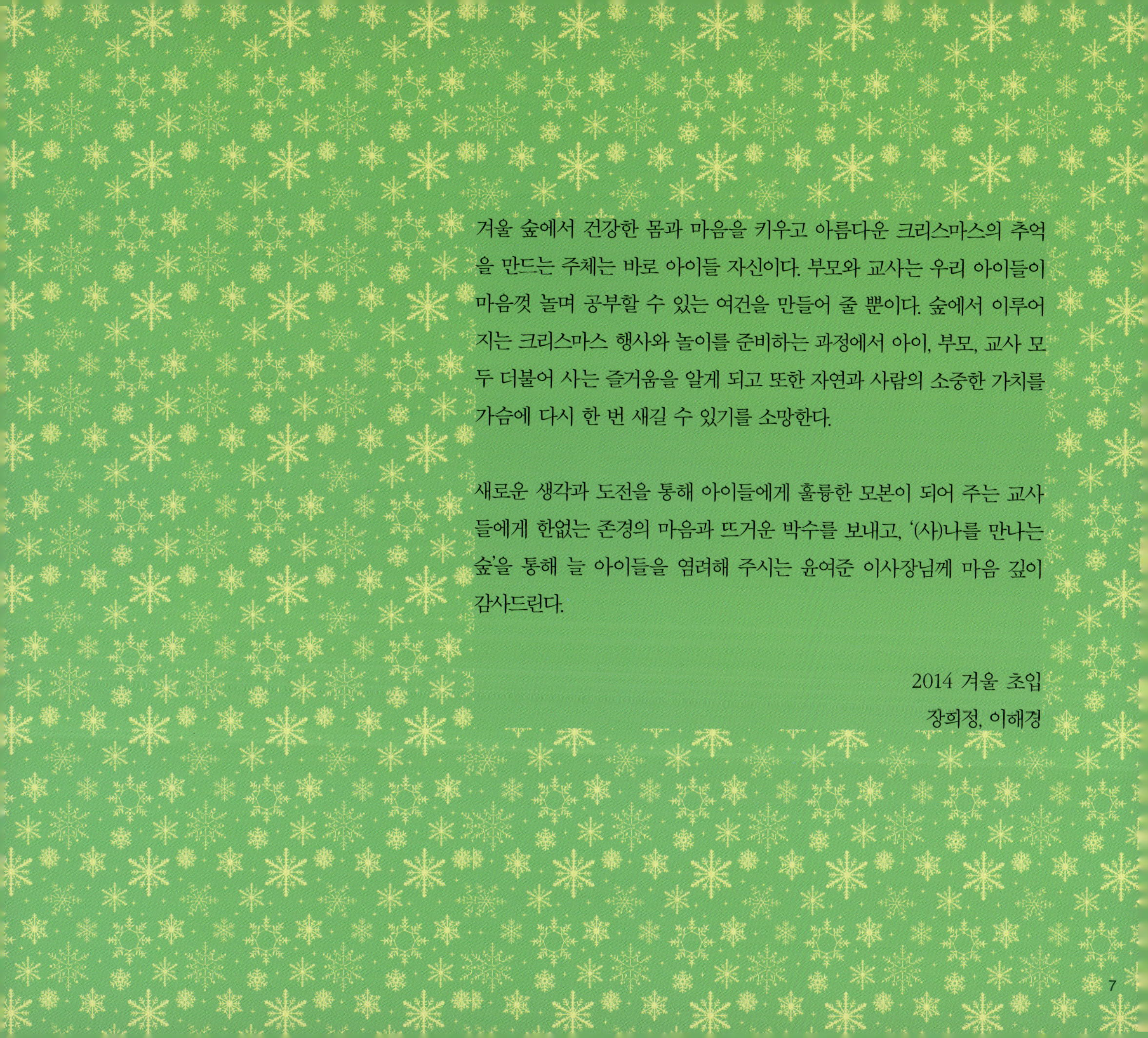

겨울 숲에서 건강한 몸과 마음을 키우고 아름다운 크리스마스의 추억을 만드는 주체는 바로 아이들 자신이다. 부모와 교사는 우리 아이들이 마음껏 놀며 공부할 수 있는 여건을 만들어 줄 뿐이다. 숲에서 이루어지는 크리스마스 행사와 놀이를 준비하는 과정에서 아이, 부모, 교사 모두 더불어 사는 즐거움을 알게 되고 또한 자연과 사람의 소중한 가치를 가슴에 다시 한 번 새길 수 있기를 소망한다.

새로운 생각과 도전을 통해 아이들에게 훌륭한 모본이 되어 주는 교사들에게 한없는 존경의 마음과 뜨거운 박수를 보내고, '(사)나를 만나는 숲'을 통해 늘 아이들을 염려해 주시는 윤여준 이사장님께 마음 깊이 감사드린다.

2014 겨울 초입

장희정, 이해경

1

입장식

환상적인 축제를 만들기 위해 숲속으로 들어가는 길을 솔가지 터널로 구성한다. 교사들은 빨간 모자를 쓰고 성탄절 노래 '징글벨' 등을 흥겹게 부르며 아이들을 맞이한다. 아이들이 솔가지 터널을 지나며 아침모임 장소로 이동한다. 학부모 스무 분쯤이 조금 일찍 행사장에 도착하여 솔가지 터널을 준비해 주십사고 미리 부탁한다.

- 솔가지 10쌍을 입장식 자리에 비치해 둔다.
- 학부모에게 산타클로스 모자와 면장갑을 나누어 준다.
- 산타클로스 모자를 쓴 학부모들은 솔가지를 들고 터널을 만든다.
- 아이들이 터널을 통과할 때 즐거운 성탄절 노래를 부르며 환영한다.
- 7세 반부터 교사와 함께 터널을 통과하여 아침모임 대열로 앉는다.
- 6세, 5세까지는 교사와 아이들이 터널을 지나며 입장한다.
- 4세, 3세는 부모와 함께 손을 잡고 터널을 지나 입장한다.

교사를 위한 팁

아이들을 맞이할 때, 성탄절 노래가 끊이지 않도록 미리 노래 가사집을 준비하면 좋다. 한 사람이 악보를 보고 선창하고 그에 따라 부모들이 합창을 한다. 성탄절 노래로 추천할 만한 곡은, '루돌프 사슴코', '울면 안 돼', '창밖을 보라', '징글벨' 등이다. 숲에서 하는 행사이니 만큼 녹음기나 스피커 사용은 가급적 자제하는 것이 좋다.

재료

솔가지 20개, 금색 리본 60개, 솔방울 60개, 마 끈 6합(3.5mm-4mm)
꽃 철사, 꽃 테이프, 글루건, 산타클로스 모자 20개
학부모용 흰색 면장갑 20켤레.

만드는 방법

1. 솔가지를 80cm 길이로 만든다. 잔가지를 철사로 묶어서
   솔잎이 풍성하도록 꾸민다.
2. 마 끈은 20cm로 자른다.
3. 리본은 솔방울에 알맞은 크기로 묶어 둔다.
4. 리본을 솔방울에 글루건을 사용하여 붙인다.
5. 솔방울을 잘라 둔 마 끈에 글루건으로 붙인다.
6. 솔방울이 달린 마 끈을 적당한 간격을 두고 묶는다.
7. 손잡이 부분은 꽃 테이프로 감는다.

터널 배치는 이렇게 해요

1. 적당한 간격을 두고 솔가지 10쌍을 터널 모양으로 배치한다.

2. 부모들은 적당한 간격을 유지하며 마주 보고 선다.

3. 부모들은 즐겁고 경쾌하게 성탄절 노래를 이어 부른다.

 **교사를 위한 팁**

입장식에서 무엇보다 중요한 것은 부모들의 협조이다. 진행을 도와주실 부모들이 아이들보다 먼저 와서 행사 준비를 마치고, 성탄절 노래를 부르며 아이들을 맞이해야 한다. 행사를 시작할 때, 노랫소리로 아이들을 숲으로 부르면, 준비를 마친 반부터 이곳을 지나 입장하면 좋을 것이다. 아이들이 솔가지 터널을 지날 때, 흥겹게 노래를 불러 주어 마치 동화의 나라를 걷는 듯한 기분을 만끽할 수 있도록 한다.

2

아침모임

부모와 아이가 한자리에 모여 앉아 아침모임을 시작한
다. 무엇보다 질서가 중요하다. 터널을 지날 때, 연령대가 높은 아
이들부터 들어와서 교사의 안내에 따라 둥글게 자리에 앉고 부모는 아
이들 바깥으로 자리를 정한다. 부모는 가져온 방수 방석을 깔고 자리를
정돈한 뒤, 그 모임을 인도하는 교사의 신호를 잘 보고 따른다.

낮은 연령 아이들이 앞쪽자리를 잡고 큰 형님반이 뒷자리에 자리를 잡
는다. 종소리에 따라 눈을 감고 종소리를 듣고 눈을 뜨며 각 모임 교사
의 안내를 따라 주면 된다. 교사들은 서로 사회자의 신호에 맞추어 종
을 친다. 교사는 사회자를 보고 부모는 교사를 보는 규칙을 지키며 아
침모임을 진행한다.

종소리가 작아 염려되면 전체 인원이 다 들을 수 있는 북이나 다른 악
기를 생각하되, 명상을 이끌기에 적절한 소리가 나는 악기를 권한다.

- 전체 아이들이 앉을 수 있도록 자연물을 이용해 4개의 원을 준비한다.
- 터널을 지난 7세, 6세, 5세 아이들이 자리를 정하고 4세가 정돈한다.
  3세는 7, 6, 5세 사이에 자리를 잡고 앉는다.
- 원 안에 교사가 들어가 아이들과 부모가 자리를 정돈하도록 안내한다.
- 각 원의 교사가 종을 치면 자리의 안쪽에 아이, 바깥쪽에 부모가 앉
  는다.

- 종소리와 함께 4개의 원이 호흡을 맞추어 명상한다.
- 교사가 함께 신호를 맞추어 종을 치면 눈을 뜬다.
- 간단한 율동을 하며 몸을 움직인다.
- 크리스마스의 유래를 알아보고 전체 원아와 부모들이 큰 소리로 산타 클로스를 부른다.

 **교사를 위한 팁**

아이들과 몸 풀기 율동과 노래를 3곡 정도 미리 연습해 둔다. 부모들이 따라 부르기 쉬운 노래('개구리송', '그대로 멈춰라')로 선곡하여야 아이들을 따라서 부모들도 동참할 수 있다. 가급적 몸을 많이 움직이는 율동을 하여야 추위를 이겨 내고 즐겁게 행사를 즐길 수 있다. 단, 율동을 할 때는 대열이 흐트러지지 않도록 주의한다.

신성교회
신성교회

숲속 교실에도 '여기가 앉을 곳'이라는 자리 표시가 필요하다. 그래야 적당한 간격을 두고 앉을 수 있기 때문이다. 원 가운데를 자연물로 예쁘게 장식하여 아이들의 시선을 모을 수 있도록 한다.

준비물

큰 호박, 높이 10cm 지름 7cm 빨강 양초 4개, 테이트 양초 빨강, 노랑, 파랑, 각 10개씩, 피라칸사 열매 달린 가지, 금송나무가지, 소나무가지

만드는 방법

1. 큰 호박을 가운데로 정하여 4개의 원을 구상한다.
2. 호박은 세모, 별 모양으로 파고 가운데에 큰 초를 넣고 불을 켠다.
3. 호박을 둘러싸도록 초록색 금송나무잎으로 원을 만든다. 솔잎 위에 테이트 양초로 빨강. 노랑, 빨강, 노란색을 맞추어 원을 꾸민다.
4. 4개의 바깥 원이 서로 너무 가까이 붙지 않고 전체 아동과 부모들이 앉을 수 있도록 솔잎으로 둥근 원을 그린다.

• 부모들에게는 일주일 전에 가정통신문을 통해 1차 안내를 통해 준비물을 알려 주고 행사 전날 다시 한 번 알려 준다. 방수 방석이 없으면 행사 참여가 어렵다.
• 방수 방석, 빨강색 소품이나 의상, 장갑, 모자, 목도리, 부츠, 무릎담요, 따뜻한 물을 준비하도록 안내한다.

아침모임이 시작되기 전에 촛불을 켜서 마음을 집중할 수 있도록 한다. 각 원의 담당 교사들이 촛불 점화를 하고 자리에 앉아 종소리와 함께 명상 시간을 가진다. 조용한 시간에 여러 자연의 소리를 느끼게 한다.

엄마 앞에 아이를 앉힌다. 가운데 장식을 향하여 둥그렇게 자리를 정돈하게 한 뒤, 원 가운데 있는 교사의 종소리와 지시에 따라 명상의 시간을 가지도록 한다.

 **교사를 위한 팁**

둥근 자리를 표시하려면 색이 선명한 자연물이 좋다. 큰 원을 4개나 그리자면 꽃잎이나 나뭇잎으로는 어려움이 따른다. 가장 구하기 쉬운 재료는 솔가지다. 솔가지가 많이 필요하니 미리 준비해야 한다. 재료를 구할 때, 부모들에게 필요한 자연물 사진을 첨부하여 부탁하면 손쉽게 재료를 구할 수 있는 길이 생기기도 한다. 가령 아파트 화단 가지치기 일정을 알려 달라고 부탁하거나, 부모들이 직접 구해 오도록 한다.

산타클로스 만나기

과연 산타클로스가 올 것인지 모두 기대하고 있을 때, 산꼭대기에서 빨간 옷을 입은 산타클로스가 썰매에 선물을 싣고 등장한다. 아이들의 박수와 함성이 산에 울려 퍼지며 신이 나는 크리스마스 파티를 시작한다.

산에서 내려오는 산타클로스

• 아이들은 선물을 하나씩 준비해 온다. 서로 다른 친구에게 선물을 주기로 한다. 교사는 행사 전날에 선물을 미리 받아서 정리해 둔다.

• 연령별로 선물을 교환하여 자기가 가져온 선물을 가져가지 않도록 미리 조정한다.

• 반별로 선물에 반명을 써서 빨강 주머니에 넣어 둔다. 그래야 산타클로스가 선물을 주기에 편하다. 행사를 마친 뒤, 각자 선물을 확인하여 선물이 바뀌지 않았는지 확인한다.

• 산타클로스 역할을 맡은 사람은 분장을 마치고 아이들한테 들키지 않는 곳에 숨는다. 산타클로스가 멀리 숨어 있어 자칫 아이들이 부르는 소리를 듣지 못할 경우도 있을 수 있다. 이때는 한 교사가 휴대폰으로 산타클로스에게 연락해 등장할 때를 알려 준다.

• 아이들이 산타클로스를 외쳐 부르면 멀리 산중턱에서 산타클로스가 걸어서 내려온다. 썰매를 타고 내려올 수 있으면 더 좋다.

• 산타클로스와 아이들은 반갑게 크리스마스 인사를 주고받는다.

커다란 함성과 함께 산에서 등장한 산타클로스.
설경 속의 산타클로스는 환상적이었다.
아이들의 함성과 환희. 커다란 선물 보따리.
꿈에서만 만나던 산타클로스가 친구들을 찾아 왔다.

- 산타클로스가 아이들에게 한 해 동안 말을 잘 들었는지 물어 보며 준비한 선물을 보여 준다.
- 산타클로스는 각 반의 요정을 불러서 장기자랑을 하게 한 뒤, 귀여운 요정에게만 선물보따리를 준다.
- 요정이 나올 때 아이들이 환호하고 박수를 치도록 한다.
- 산타클로스의 진행으로 요정들이 한 가지씩 장기를 보여 주면 반별 선물 보따리를 준다.
- 산타클로스는 선물을 다 나누어 준 뒤 퇴장하여 아이들이 있는 대열로 들어가 아이들을 안아 주고 행사에 참여한다.

 **교사를 위한 팁**

교실에서 촛불 모임을 하며 파티를 할 수도 있다. 산타클로스가 등장하여 선물을 주며, 이때 부모들이 정성껏 쓴 편지를 함께 읽어 준다. 실내에서 하는 촛불모임은 마음이 차분해져서 편지를 읽을 때 더 큰 감동을 받을 수 있다. 낮은 연령 아이들은 한 반을 정하여 음식을 차리고 산타클로스가 와서 선물을 나누어 주는 것으로 즐겁게 성탄절 파티를 진행한다.

교사 장기자랑

아이들과 하나 됨을 보여 주는 소통의 시간이다. 평소 근엄한 교사의 모습이 아닌 밝고 쾌활한 모습을 통해 아이들과 허물없이 어울리는 시간이다.

예쁜 엉덩이로 이름 쓰기!
쑥스러움을 많이 타는 교사는 얼굴을 가리고 엉덩이로 이름을 쓰기도 한다. 이렇게 교사가 아이 입장이 되어 보면 부끄러움을 타는 아이를 이해할 수 있다. 아이도 어른처럼 부끄러워 말 못할 때가 있다. 고집을 부리는 것이 아니라 부끄러운 것뿐이다.

부모 편지

그동안 말로 다하지 못했던 마음을 담아 편지를 준비한다. 부모들은 한 사람도 빠짐없이 정성껏 편지를 써서 선물과 함께 교사에게 보낸다. 그 중 어머니, 아버지 각 한 사람이 행사에서 편지를 낭송한다.

글씨를 읽을 수 있는 아이들은 선물을 받으며 편지를 읽는다. 편지는 마음을 주고받으며 말로 다하지 못한 것들을 표현할 수 있고 오래도록 기억할 수 있다. 크리스마스를 통하여 서로 편지를 통하여 마음을 주고받는 습관이 생기기 바란다.

예쁘고 귀엽고 깜찍한 현지에게
현지야, 현지는 엄마 아빠에게 있어서 세상에서 가장 소중한 보물이란다. 현지가 엄마 뱃속에 있을 때 엄마 아빠는 현지를 행복이라고 불렀단다. 현지가 생겨서 엄마 아빠는 너무 행복했거든.
현지는 엄마 아빠에게 있어서 행복의 씨앗이야.
현지가 잘 부르는 노래 있지?
조그만 씨앗, 중간 씨앗, 커다란 씨앗 노래.
씨앗이 싹이 트고 무럭무럭 자라서 꽃이 피고 열매를 맺고 큰 나무가 되듯이
우리 예쁜 현지도 씩씩하고 건강하게 자라서 사랑과 행복이라는 꽃이 되고
열매를 맺는 나무가 되어서 엄마랑 아빠랑 우리 예쁜 현지랑 귀여운 현희랑
영원히 행복하게 살자.
아빠랑 엄마가 우리 예쁜 현지 하늘만큼, 땅만큼 많이 많이 사랑해.

2013년 12월 19일 현지를 사랑하는 엄마가

사랑하는 나의 딸에게

밤사이 하얀 눈이 소르르 내려 온 동네가 하얀 도화지같이 펼쳐진 이 아침에 아빠가 윤슬에게 글을 써 보네. 처음 이 세상에 나와 인형같이 조그맣고 연약 했던 네가 벌써 조금 있으면 학교에 간다니 시간이 정말 빠르다는 걸 새삼 느 낀다. 지금까지 집에서 그리고 어린이집에서 놀고 배운 것들을 잘 기억해서 학 교에서 더욱 잘 지낼 수 있는 힘이 되었으면 좋겠다. 아빠 맘 같아선 윤슬이가 늘 좋은 것만 보고 행복만을 느끼며 살았으면 좋겠지만 세상엔 그렇지 않은 것들도 있다는 걸 알고 잘 이겨내며 자라났으면 좋겠다. 숲반에서 기른 체력으로 인내심을 가지고 공부건 다른 무엇이건 끈기 있게 해 내면 좋겠고 또한 그곳에서 키워진 상상과 창의력으로 너의 무한한 꿈을 펼쳤으면 좋겠다. 자연을 사랑하고 세상의 모든 사물들을 갇혀진 틀에 묶여 보지 않고 너만의 개성 있는 시각으로 바라보았으면 좋겠다. 아빠의 딸로 세상에 와준 윤슬! 너무 고맙고 사랑한다!

2013년 12월 19일 사랑하는 아빠가

평소 말로는 잘 전달하지 못하던 사랑을 표현해 보며 엄마도 아이도 새롭게 사랑을 느끼고 전하는 시간이다. 정성껏 마음을 담아서 사랑을 전하는 편지글을 들으며 눈 물을 흘리는 부모들도 있다. 텔레비전이나 스마트폰 등에 밀려 가족 간의 진심어린 대화가 줄어들고 있는 요즘 가끔은 편지를 주고받으며 마음을 나누는 시간을 가진 다면 가족 간의 정이 디욱 깊어질 것이다.

크리스마스에는 축복을

1소절 - 아이들

2소절 - 부모와 함께

학부모 악기 연주

- 학부모 중에 악기를 잘 다룰 줄 아는 분이 연주를 한다.
- 연주가 시작되면 교사는 부모들과 아이들이 일어나 둥근 원을 그리며 함께 돌거나 어깨동무를 하고 박자를 느끼며 움직일 수 있도록 유도한다. 교사의 안내가 가장 많이 필요하다.
- 음악에 따라 원을 이룬 아이들이 하나가 되어 몸을 움직일 수 있도록 하고 자리가 흐트러지지 않도록 유념한다.
- 즐겁게 춤을 추되 원형을 유지해야 한다. 바로 이어질 성극 진행을 원활하게 하기 위해서다.
- 교사는 악기 연주가 끝난 뒤 아이들이 성극을 준비하도록 돕는다. (성극 의상은 미리 착용한다.)
- 아이가 먼저 자리를 뜬 뒤, 부모들께서는 다과 시간을 갖고 종소리가 울리면 다시 처음 자리로 돌아간다.

교사를 위한 팁

악기 연주가 울려 퍼지면 자연스럽게 자리에서 일어나 선율에 따라 몸을 움직인다. 추운 몸도 녹이고 기분도 좋아지는 흥겨운 시간이 된다. 4개의 원을 담당하는 교사가 먼저 이끌어 주어야 율동이 재미있고 자연스럽게 이루어진다. 몸을 움직이며 아이보다 더 적극적인 모습을 보이는 부모가 있는 반면에 쑥스러워하며 뒤로 빠지는 분도 있다. 교사들이 쑥스러워 하는 부모들 사이사이에 서서 어머님들의 손을 잡고 끌어 주면 좋다. 그리고 활발한 교사들이 율동을 좀 더 과장되게 하여 모두의 긴장을 풀어 주면 훨씬 편안해질 것이다.

교실로 온 산타클로스와 함께 즐거운 크리스마스 파티! 노래도 부르고 율동도 한다. 그리고 부모의 편지와 함께 선물을 전달한다. 두 번씩이나 산타클로스를 만난 친구들이 싱글벙글 웃음이 떠나지 않는다. 예전과 달리 산타클로스를 보고 누구냐고 묻지 않고 정말 산타클로스로 알고 있는 듯하다. 아이들에게 산타클로스가 있다는 꿈과 상상 살려 내기 성공!

4

성극

약속대로
오신 예수님

예수님 탄생을 그린 성극 무대이다. 성극을 올리기 위한 준비 기간은 보통 한 달 정도 걸린다. 이제 대사를 외우고 연기 연습을 하며 부지런히 준비한 연극을 펼칠 시간이다. 많은 관객 앞에서 아이들이 떨지 않고 잘할 수 있도록 부모들은 큰 박수로 맞이한다.

모든 아이가 성극에 참여할 수 있도록 5. 6세는 합창과 율동을 하고 7세 이상 아이들은 성극을 한다. 3세 아동은 다소 줄이 비뚤어져도 자연스럽게 참여할 수 있도록 한다. 교사들은 5. 6세 아이들의 합창과 율동에 필요한 음악 시디를 준비해야 하고, 합창이 끝나고 퇴장할 때 미리 준비한 음악을 조용히 틀어 준다. 7세 아이들이 성극을 연습할 때, 마이크를 사용하는 방법을 알려 준다. 성극이 끝나고 퇴장할 때도 음악을 틀어서 어수선함을 최소화한다.

 **교사를 위한 팁**

아이들에게 흰 면장갑을 끼게 해서 손이 차가워지는 것을 막는다.

교사가 맨 뒤에 서서 율동을 함께하며 합창한다.

전 연령이 합창하러 나올 때, 미리 줄을 서서 등장한다.

아이들이 자리를 정돈하는 동안 음악을 조용히 틀어 둔다.

성극 중 사진 촬영은 제자리에서 찍도록 미리 안내한다.

성극이 끝나면 모두 사진이 걸린 길을 따라 만다라로 이동한다.

 ## 성극에 필요한 것들

의상 및 소품 동방박사 세 사람 의상, 요셉 의상, 마리아 의상,
여관주인 의상, 목자 의상, 별 의상, 흰색 면장갑, 황금, 몰약, 유황,
아기 예수 인형, 포대기, 지푸라기, 바구니, 공갈 젖꼭지, 턱받이,
아기 모자, 지팡이, 장난감 휴대폰
배경 그림 무대 배경 그림 1점
배경 음악 악보 및 시디(기쁘다 구주 오셨네. 고요한 밤 거룩한 밤,
축하해요 아기 예수님께 아름다운 이날, 저 들밖에 한밤중에 등등),
휴대용 앰프와 마이크

 ## 의상 만들기

동방박사

재료 아이보리 광목 2마, 빨간색 공단 1마, 초록색 공단 1마,
황금색 공단 1마, 직경 2.3cm 단추 2쌍,
빨간색 부직포 각각 길이 12cm, 폭 3cm

재단법

① 천에 종이 원본을 놓고 재단한다.
② 시접은 1.5cm 잡는다. 밑단 2cm 잡는다.
③ 옷감의 길이는 유아의 체형에 따라 조절한다.
주의 | 시접을 접을 때 다림질한 뒤 박음질한다.

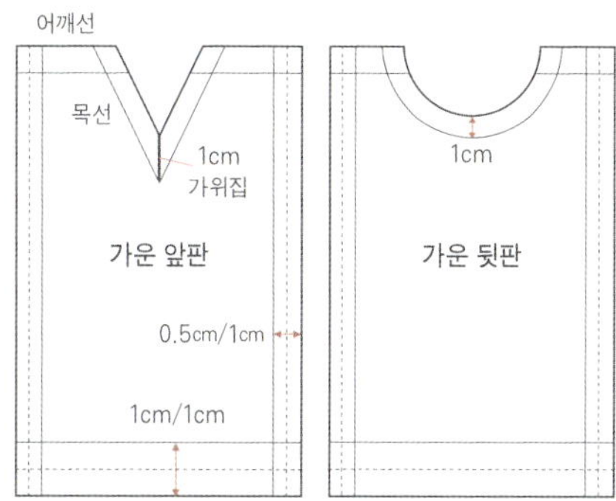

동방박사, 목자, 요셉은 가운과 허리끈, 솔의 재단법과
바느질 순서가 각기 색상만 다르고 동일합니다.

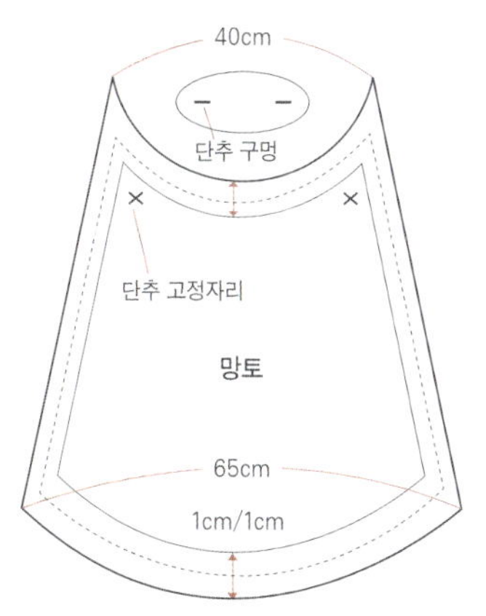

가운

재료 광목천

바느질 순서

① 뒤판 목선은 1cm 접어 박음질한다.

② 앞판 V 목선 중앙부분 1cm 가위집을 낸 뒤 1cm 접어 박음질한다.

③ 앞판과 뒤판을 겉끼리 맞대어 시침핀으로 어깨선을 고정하고 1cm 시접으로 박음질한다.

④ 어깨선 앞뒤 단 박음질한 뒤 시접을 가름솔하여 다림질한다.

⑤ 옆면은 0.5cm 접고 다시 1cm 접어 박음질한다.

⑥ 밑단은 1cm 접고 다시 1cm 접어 박음질한다.

망토

재료 빨강, 초록 공단

바느질 순서

① 목선 0.5cm 접고 다시 1cm 접어 박음질한다.

② 옆면 1cm 접고 1cm 접어 박음질한다.

③ 밑단 1cm 접고 1cm 접어 박음질한다.

④ 안쪽 어깨에 단추를 단다.

⑤ 준비한 부직포 양쪽에 단춧구멍을 만들어 단추를 끼운다.

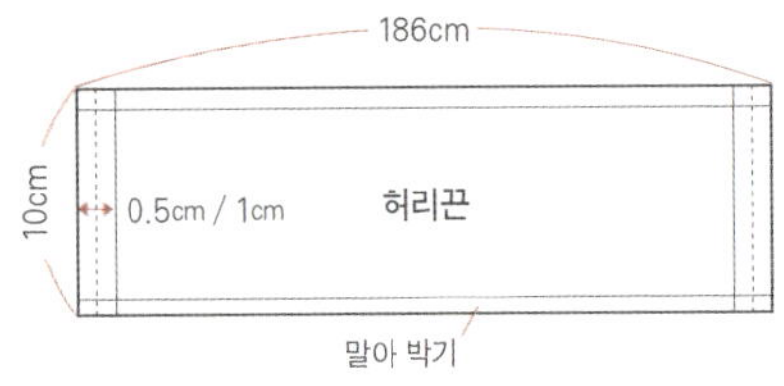

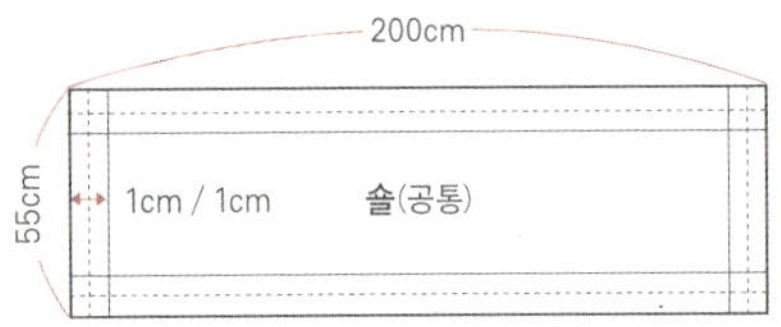

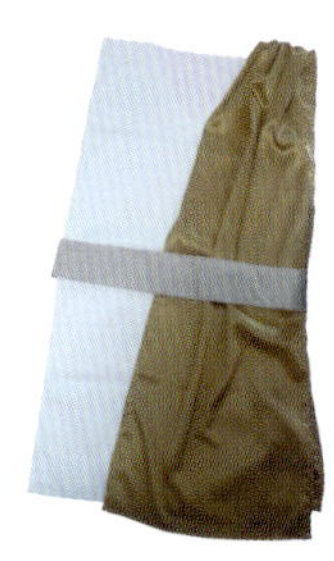

허리끈

재단법 길이 186cm 폭 10cm로 재단한다.

바느질 순서

① 가로면 위아래 부분은 말아 박기한다.

② 세로면 양옆은 0.5cm 접고 1cm 접어 박음질한다.

솔

재료 황금색 천

재단법 길이 200cm, 폭 55cm로 재단한다.

바느질 순서

사방을 1cm 접고 1cm 접어 박음질한다. 이때 가로면을 먼저 박은 뒤 세로면을 박음질한다.

가운

재료 연한 갈색 천 2마, 진한 갈색 천 1마

재단법

① 천에 종이 원본을 놓고 재단한다.

② 시접은 1.5cm 잡는다. 밑단만 2cm 잡는다.

③ 옷감의 길이는 유아의 체형에 따라 조절한다.

주의 | 시접을 접을 때 다림질한 뒤 박음질한다.

바느질 순서

① 뒤판 목선은 1cm 접어 박음질한다.

② 앞판 V 목선 중앙 부분 1cm 가위집을 낸 뒤 1cm 접어 박음질한다.

③ 앞판과 뒤판을 겉끼리 맞대어 시침핀으로 어깨선을 고정하고 1cm 시접으로 박음질한다.

④ 어깨선 앞뒤단 박음질한 뒤 시접을 가름솔하여 다림질한다.

⑤ 옆면은 0.5cm 접고 다시 1cm 접어 박음질한다.

⑥ 밑단은 1cm접고 다시 1cm 접어 박음질한다.

허리끈

재료 연한 갈색 천

재단법 길이 184cm 폭 10cm로 재단한다.

바느질 순서

① 가로면 위/아래 부분은 말아 박는다.

② 세로면 양옆은 0.5cm 접고 1cm 접어 박음질한다.

솔

재료 황금색 천

재단법 길이 200cm, 폭55cm 재단한다.

바느질 순서

사방을 1cm 접고 1cm 접어 박음질한다. 이때 가로면을 먼저 박은 뒤 세로면을 박음질한다.

재료 흰색 평직 1마, 모자 고무줄 46cm, 파란색 공단 2마, 치마폭 2cm, 고무줄 66cm

치마

재단법 치마 – 가로 200cm, 세로 75cm

허리 – 가로 80cm, 세로 20cm

바느질 순서

① 치마 겉끼리 마주 보고 노루발 간격 1cm로 옆선을 박음질한다.

② 밑단 1cm 접고 다시 1cm 접어 박음질한다.

③ 상단은 손바느질로 주름잡아 준다.

주의 | 손바느질 마지막 부분 실은 길게 남겨 자른다.

④ 고무줄 끝을 1.5cm 정도 겹친 뒤 사각박기를 한다.

⑤ 허리 재단 천도 서로 이어 준다.

⑥ 허리 재단 천을 고무줄에 감싸가며 밑단을 박음질한다. 아래 고무줄은 늘어 가며 박음질해야 한다.

⑦ 고무줄이 돌아가지 않도록 1/4지점마다 고정 박음질한다.

⑧ 치마와 허리단을 연결하여 박음질한다. 치마의 주름을 허리단에 맞추어 주름살을 잡아 당겨 준다. 이때 1/4지점들을 표시해서 주름이 골고루 잡히도록 한다.   주의 | 시침핀을 꼼꼼히 꽂아야 한다.

⑨ 치마와 허리단을 연결한 뒤 지저분한 부분을 오버룩 처리 또는 라이터 불로 깔끔히 정리한다.

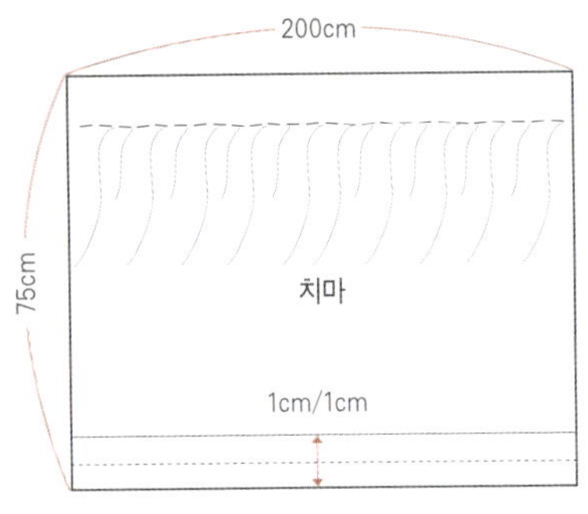

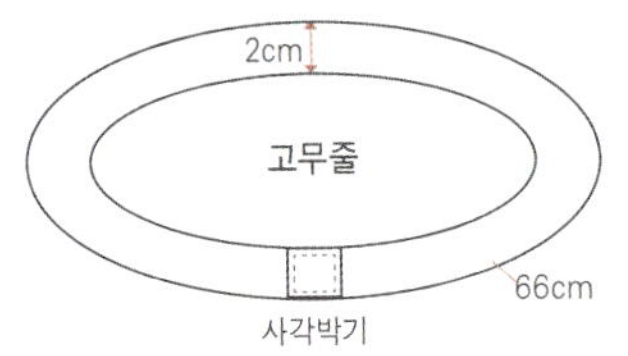

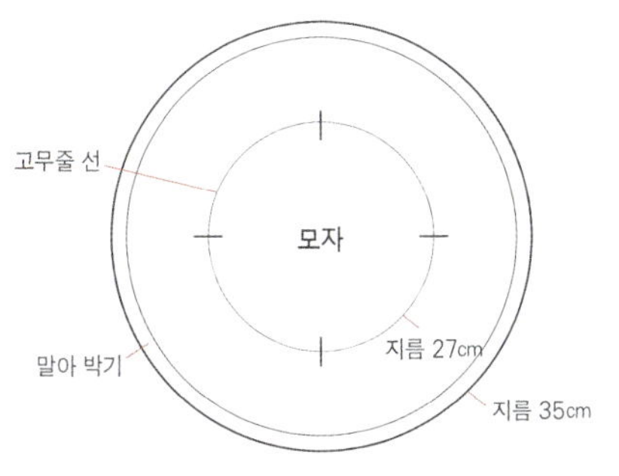

모자

재단법 하얀색 평직 지름 35cm 큰 원 그 안에 지름 27cm 작은 원을 그린다.

바느질 순서

① 지름 35cm 큰 원을 말아 박기 처리한다.

② 작은 원에 1/4지점을 표기한다. 모자 고무줄에 1/4 지점을 표기한다.

③ 작은 원 라인에 각 1/4 지점들이 맞춰지도록 하면서 박음질한다. 이때 고무줄을 잡아당기면서 각 지점들이 맞도록 하여야 주름이 맞는다.

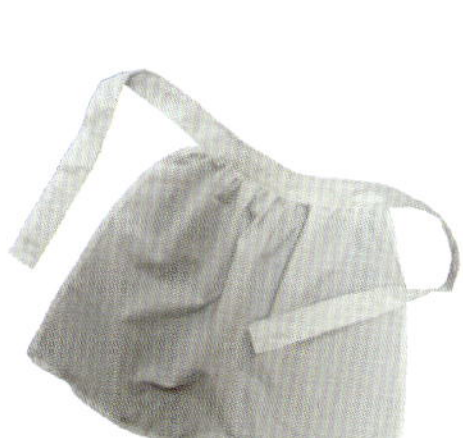

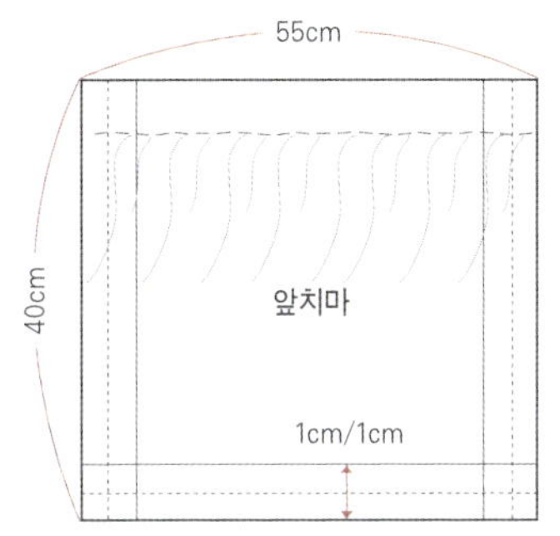

앞치마

재단법 가로 55cm 세로 40cm

바느질 순서

① 옆면을 1cm 접고 다시 1cm 접어 박음질한다.

② 치마 아랫단 1cm 접고 다시 1cm 접어 박음질한다.

③ 치마 원판은 듬성듬성 손바느질로 주름잡기 (27cm 되도록)

주의) 길게 실을 늘려 잘라 준다.

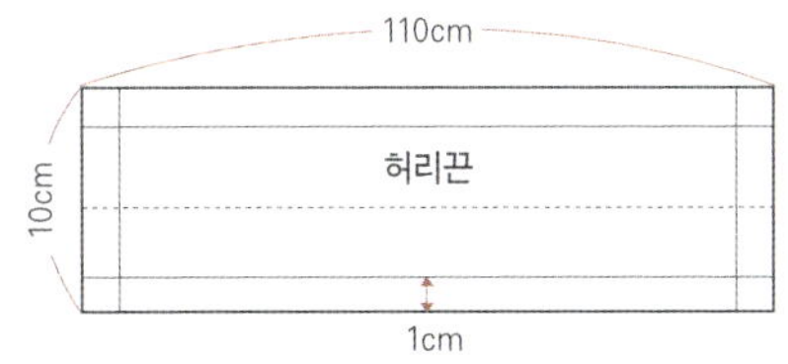

앞치마 허리끈

재단법 가로 110cm, 세로 10cm

바느질 순서

① 세로면 양쪽은 1cm 접어 박는다.

② 가로면 1cm씩 위아래를 다림질해 두고 접어 중앙 표시한다.

③ 치마 중앙 표시한다.

④ 가로면 박음질 시 치마를 ② 허리끈 안쪽으로 1cm 정도 집어넣기 끝 부분에 박음질한다. 이때 ②, ③ 중앙 표시 한 부분을 맞춘다.

재료 자주색 2마, 보라색 1마 반

치마

재단법 가로 100cm, 세로 95cm 재단한다.

바느질 순서

사방을 1cm 접고 다시 1cm 접어 박음질한다.

허리끈

재단법 길이 184cm 폭 10cm로 재단한다.

바느질 순서

① 가로면 위/아래 부분은 말아 박는다.

② 세로면 양옆은 0.5cm 접고 다시 1cm 접어 박음질한다.

마리아 두건

재단법 가로55cm, 세로 75cm로 재단한다.

바느질 순서

사방을 1cm 접고 다시 1cm 접어 박음질한다.

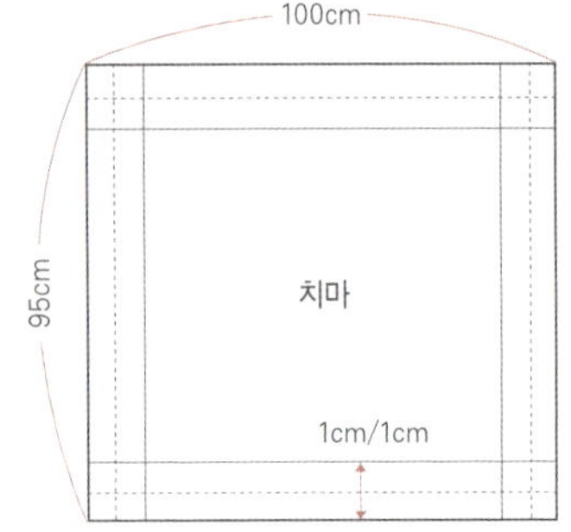

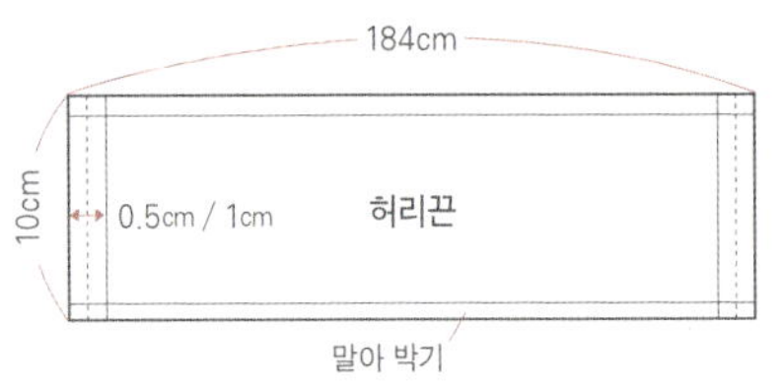

마리아 숄

재단법 가로 55cm, 세로 200cm로 재단한다.

바느질 순서

사방을 1cm 접고 다시 1cm 접어 박음질한다.

가운

재료 연한 갈색 2마, 진한 갈색 길이 200cm 폭 10cm 정도

재단법

① 천에 종이 원본을 놓고 재단한다.

② 시접은 1.5cm 잡는다. 밑단만 2cm 잡는다.

③ 옷감의 길이는 유아의 체형에 따라 조절한다.

바느질 순서

① 뒤판 목선은 1cm 접어 박음질한다.

② 앞판 V 목선 중앙 부분 1cm가위집을 낸 뒤 1cm 접어 박음질한다.

③ 앞판과 뒤판을 겉끼리 맞대어 시침핀으로 어깨선을 고정하고 1cm 시접으로 박음질한다.

④ 어깨선 앞뒤단을 박음질한 뒤 시접을 가름솔하여 다림질한다.

⑤ 옆면은 0.5cm 접고 다시 1cm 접어 박음질한다.

허리끈

재료 진한 갈색 천

별

재단법 길이 184cm 폭 10cm로 재단한다.

바느질 순서

① 가로면 위아래 부분은 말아 박는다.

② 세로면 양옆은 0.5cm 접고 다시 1cm 접어 박음질한다.

재료 노란색 부직포 1마

재단법 유아의 머리에 모자처럼 쓸 수 있는 크기와 손에 끼울 수 있는 크기로 노랑색 별을 재단한다.

바느질 순서

유아 머리 크기의 별과 손 크기의 별을 각각 머리 들어갈 크기와 손이 들어갈 크기만 남기고 아플리케 바느질로 꿰멘다.

기타

금 돌에 금색 락카를 뿌린다.

유황 플라스틱 물병에 은색 락카를 뿌린다.

몰약 소꿉놀이 주전자에 은색 락카를 뿌린다.

천사 의상 기성품을 구입한다.

무대 배경 그리기

준비물

광목, 붓, 팔레트, 반짝이 가루, 물풀, 5mm 밧줄, 아크릴 물감(아크릴 물감 12색 2세트, 흰색 500ml 1개, 검정 500ml 1개 - 등장인물의 무대 의상과 같은 계열의 색, 마구간을 칠해 줄 갈색 계열의 색, 흰색과 검정색의 명암을 준다.)

• 그림을 그리기 전 그림 위와 아래를 밧줄을 넣고 꿰매 주어야 배경 그림을 설치할 수 있다.

그리기 순서

① 연필로 본뜨기 마구간에서 태어난 예수님의 탄생 이야기를 그림으로 표현하기

② 초벌 색칠하기 단색으로 한 번 칠하고 여러 번 덧칠하여 안정감 있는 색을 표현하기

③ 여백 칠하기 그림을 먼저 칠한 뒤 여백도 색을 칠하여 준다.

④ 명암 넣어 칠하기 덧칠하기와 명암을 넣어서 그림에 생동감을 준다. 마지막으로 물풀을 붙인 뒤 반짝이 가루를 뿌려 별빛을 표현한다.

등장인물

성탄 인사(1, 2), 천사 가브리엘, 마리아, 요셉, 여관 주인, 동방박사(1, 2, 3), 목자, 아기 예수, 학교 친구들(1, 2, 3, 4), 해설자(1, 2)

성탄 인사 1 여섯째 달에 천사 가브리엘이 하나님의 보내심을 받아 갈릴리 나사렛이란 동네에 가서 다윗의 자손 요셉이라 하는 사람과 약혼한 처녀에게 이르니 그 처녀의 이름은 마리아라 그에게 들어가 이르되 은혜를 받은 자여 평안할지어다. 주께서 너와 함께 하시도다 하니 처녀가 그 말을 듣고 놀라 이런 인사가 어찌함인가 생각하매 천사가 이르되 마리아여 무서워하지 말라. 네가 하나님께 은혜를 입었느니라. 보라, 네가 잉태하여 아들을 낳으리니 그 이름을 예수라 하라.

성탄 인사 2 "지극히 높은 곳에서는 하나님께 영광이요, 땅에서는 하나님이 기뻐하신 사람 중에 평화로다."

성탄 인사 2 성탄절 행사에 오신 분들을 환영하고 축복합니다. 성극 가운데 혹 실수하더라도 예쁘게 봐주시고 많은 박수 부탁합니다! "메리 크리스마스" (두 손을 흔들며 기쁘게 인사한다.)

1막

(배경 음악) '창밖을 보라'

해설자 1 지금은 학교 운동장에서 또래 친구들끼리 모여서 재미있게 이야기를 나누고 있습니다.

학교 친구 1 애들아, 오늘 크리스마스, 성탄절인데 재미있는 것이 없을까?

학교 친구 2 우리 그냥 게임이나 하고 '또봇'이나 보자! (휴대폰을 들어 보이며) 요즘 '포코팡'이라는 게임이 너무 재미있대.

학교 친구 3 우리 그러지 말고 고래등에 가자! 오늘 고래등어린이집에서 성탄 행사를 준비했는데 맛있는 간식도 주고, 성극도 하고, 선물도 나눠 준대! 고래등 언니 오빠들이 준비한 성극이 엄청 재미있대! 우리 함께 가 보자!

학교 친구 4 그래! 우리 빨리 가 보자! 가서 성극 먼저 보자! 어서 가자! 어서!

2막

(배경 음악) '기쁘다 구주 오셨네'

해설자 2 지금 방금 성극이 시작되었습니다. 처녀인 마리아에게 가브리엘 천사가 나타나서 아기 예수 탄생에 대하여 설명합니다.

천사 마리아야, 잘 듣거라! 네가 잉태하여 아들을 낳을 것이니 그 이름을 예수라 하라!

마리아 네? 저는 아직 결혼도 하지 않았는데 어떻게 아들을 낳아요?

천사 걱정하지 말고 평안하라! 너는 성령으로 잉태할 것이다.

마리아 예! 알겠습니다. 오, 하나님! 감사합니다. 저에게 큰 은혜를 주셔서 감사합니다.

요셉 (걱정이 많은 듯 머리를 잡으며) 오, 주여! 어찌 나와 결혼도 하지 않았는데 마리아가 잉태를 할 수 있는 거죠?

천사 요셉아! 걱정하지 마라! 마리아가 임신한 것은 성령으로 잉태된 것이며 하나님께서 약속하신 것이다. 그리고 이사야와 미가 선지자가 예언한대로 아기 예수를 이 땅에 보내신 것이다.

요셉 네! 알겠습니다. (기도하는 자세로) 오, 주님! 주님 감사합니다.

3막

(배경음악) '고요한밤 거룩한 밤'

해설자 1 마리아가 아기를 낳을 때가 다가왔을 때, 로마 황제인 가이사 아구스도는 모든 사람에게 고향으로 내려가 이름을 등록하라고 명령했습니다. 그래서 마리아도 남편 요셉의 고향인 베들레헴으로 가게 되었죠.

요셉 여보시오! 여보시오! 빈 방 있으면 하나만 주시오!

여관 주인 지금 당신도 알다시피 많은 사람이 이름을 등록하러 와서 빈 방이 하나도 없소!

요셉 지금 곧 아기가 나올 것 같소! (마리아의 배를 가리키며) 그러지 말고 빈 방이 없으면 쉴 만한 장소라도 좀 주시오!

여관 주인 그렇다면 저기, 마구간이라도 좋다면 거기로 가시오!

요셉과 마리아 고맙소! 정말 고맙소!

4막

(배경 음악) '저 들 밖에 한밤중에'

해설자 2 마구간으로 간신히 몸을 쉴 수 있는 곳으로 옮겨서 마리아는 아기를 낳을 수 있었습니다. 아기 예수 탄생을 축하하며 경배하기 위하여 목자와 동방박사들이 나옵니다.

아기 예수 응애, 응애 (힘차게 울면서 세상에 태어난다)

아기 예수를 말구유에 누인다.

목자 오! 정말 약속대로 메시아가 탄생하셨습니다. (두 손을 들고 외치며) 우리들을 죄악에서 구원하실 아기 예수님 탄생을 축하합니다. 오! 주님 감사합니다!

동방박사 1 네. 저희들도 아기 예수 탄생을 축하하고 경배하기 위해서 황금을 가지고 왔습니다.

동방박사 2 저는 아기 예수님께 드릴 몰약을 가져왔습니다.

동방박사 3 아기 예수님 축하드립니다. 저는 유향을 가져왔습니다.

동방박사 1, 2, 3 저희들의 경배를 받으시옵소서!

마리아와 요셉 오, 하나님 아버지시여! 감사합니다. 감사합니다.

해설자 1 예수님께서 이 땅에 오신 것은 하나님과 만날 수 없는 우리를 다시 하나님과 만나게 해 주시기 위해서예요! 이 땅에 오신 예수님께서 33년 뒤에 우리의 모든 죄를 지시고 십자가에서 죽으셨습니다.

(이때 모든 출연자 앞으로 나온다.)

해설자 2 성탄절은 기쁘고 즐거운 날입니다. 메시아를 보내 주셔서 우리를 죄에서 구원해 주신다는 하나님의 약속이 이루어진 날이기 때문입니다.

해설자 1 우리 다 같이 따라해 볼까요! "예수님, 생일 축합니다! 정말 감사합니다."

모두 다 같이 합창 (율동과 함께) '축하해요 아기 예수님께'

축하해요 아기 예수님께

F
C
축 하 해 요 아 기 예 수 님 께 축 하 해 요 아 기 예 수 님 께
F
B♭
C
F
Fine
축 하 해 요 예 수 님 축 하 해 요 예 수 님 생 일 을 축 하 해 요
B♭
F
C
F
가 장 높 은 예 수 님 — 우 리 위 해 이 땅 에 오 셨 죠 —
B♭
F
G
C
D.C.
온 세 상 이 반 짝 반 짝 — 예 수 님 생 일 을 축 하 해 요

전 연령이 함께 입을 모아 합창한다.
연습할 때 앞에서 지도하는 교사의 수신호를
보며 박자를 잘 맞춰 한목소리를 내며 우리의
하나 된 모습을 보여 주었다.
숲이라는 큰 무대가 있어 모두 한 무대에
설 수 있었다.

아이들의 진지함에 모두가 감동한 날이었다.
많은 관객 앞에서도 자신의 대사를 또박또박하는
의젓한 친구들.
오늘의 경험을 바탕으로 아이들은 어디에서든 자신감
있는 모습을 보여 줄 거라는 확신이 들었다. 학교에
가서도 우리 친구들이 별처럼 빛나리라 기대한다.

본을 뜨고 채색까지 마친 성극 배경 그림이다.
이 그림은, 일주일 걸려서 교사들의 땀과
정성으로 완성할 수 있었다. 그런 까닭에,
성극은 더욱 돋보였고, 완성도 또한 높았다.

요셉과 마리아. 성극을 통해 예수님의 탄생을 알고 오래토록 오늘의 배역을 기억할 것이다. 개구쟁이 친구가 이렇게 진지하게 연기하는 모습을 본 어머니는 큰 감동을 받았다. 늘 어리광을 부리던 아이로만 알았지만, 그 마음속에는 수많은 보물이 숨어 있음을 알게 되었다.

날씨는 춥지만 신이 난 아이들의 모습을 보며 잘 노는 친구가 무엇이든 잘할 수 있고 자신감이 넘치는 것을 보았다.
내성적이고 사람들 앞에 서는 것도 싫어하던 친구들이 이제는 당당하게 사람들 앞에서 대사를 하고 있는 그것만으로도 만족스러운 하루였다.

손이 시려 꽁꽁 언 손으로 열연을 보여 주는 친구들. 웃거나 장난하며 대사를 안 하는 친구 하나 없이 무사히 마칠 수 있었다. 아이들이 대견하고 자랑스러운 날.

5

자연물
만다라

부모와 아이들이 자연물을 가지고 색상을 아름답게 칠해 본다. 그동안은 색연필이나 물감을 사용하였으나 우리의 생각을 바꾸어 물감 대신 자연의 색을 활용하면 된다. 함께 의논하고 예쁜 자연물을 가지고 오며 눈으로는 색을, 코로는 향을, 손으로는 감촉을 느껴 보는 흥미로운 시간이 된다. 어디에다 자연물을 놓으면 좋을지 의논도 하고 즐거운 대화를 할 수 있어 더욱 유익한 시간이 된다.

자전거 바퀴를 어떻게 꾸밀지 고민하며 자연물 바구니에서 아름다운 색을 고르도록 한다. 처음 해 보는 활동일지라도 모두가 하나 되어 집중하여 할 수 있다. 그림을 못 그리는 친구들도 거침없이 색을 칠하며 만족해한다. 아이들이 숲에서 이런 활동을 하면 자연스럽게 색을 발견하고, 표현하기에 따른 두려움이 없어진다. 또한 치우고 정리해야 되는 스트레스가 없으므로 편한 마음으로 그림을 그릴 수 있다.

숲활동을 하는 아이들은 숲속의 나뭇잎 하나 풀잎 하나 놓치지 않고 살펴보는 습관이 몸에 배어 있다. 그러니 어떤 색깔이 필요하면 누구라도 얼른 달려가서 구해 올 수 있다. 이렇게 자연을 알아가는 아이들은 가장 재미있게 배우고 익히는 법을 깨달았으니, 공부가 곧 놀이가 되고 놀이가 학습으로 자연스럽게 연계된다.

만다라 행사에 앞서 준비해야 할 사항들

- 행사를 계획하며 색깔별 식물을 정하고 주변의 공원과 학교, 아파트 정원, 가로수, 교회 등을 돌며 수집한다. 미리 수집한 나뭇잎과 꽃은 비닐에 넣어 냉장고에 보관한다.
- 산중턱에 좌우 2개로 낮은 연령은 솔잎으로 자전거 그림과 로켓 그림을 그려 둔다.
- 높은 연령은 달팽이집을 솔방울로 크게 그려 준다. 다양한 색을 표현할 수 있도록 구획을 잘해 준다.
- 모아둔 자연물을 두 그룹이 사용할 수 있도록 나누어서 놓아 준다.
- 밤이나 솔방울 등은 미리 모아서 충분히 말려서 보관한다.
- 솔잎은 전지를 해 둔 곳에서 아이들과 가위로 잘라서 함께 모아 둔다. 가위로 나뭇잎을 따며 조심스럽게 도구를 사용하는 법도 알게 한다.
- 스트로브 잣나무 열매는 공원에서 산책할 때마다 주위 두면 좋다. 충분한 양을 모으기 위해 재료 수집을 아이들의 활동으로 계획하고 모으면 된다.
- 밤은 아이들과 산에 갈 때마다 벌레 먹은 것까지 주워서 말려 두면 된다. 그리고 양이 충분치 않을 때 부모들에게 요청하여 더 모으면 좋다.
- 땅콩은 자투리땅에 심었다가 캐서 사용하면 좋다. 그러나 여의치 않으면 아이들과 시장 나들이를 하며 사 와도 된다.
- 무는 가을에 텃밭에 씨를 뿌려서 아이들과 함께 캐서 동치미 담

그기와 무말랭이 요리 실습을 하고 작고 귀여운 것은 남겨 둔다.

• 숲반 친구들이 다니는 숲교실에 갈 때마다 편백나무 열매와 편백
나무 잎을 주워서 모아 둔다.

• 부모들께 피라칸사 열매와 자연물 사진을 보내어 주변에서 수집
해서 보내 달라고 요청도 하고 산책을 할 때마다 조금씩 모아 둔다.

• 동네 주변의 가로수를 돌며 남천나무가지와 열매를 조금씩 수집
한다.

• 산책할 때에 사철나무 잎과 열매가 어디에 있는지 살펴보았다가
필요할 때 수집한다.

• 큰 교회 정원수 가운데 다양하게 심어 있어 다양한 재료를 구할
수 있다. 운이 좋으면 금송나무가지를 얻을 수도 있다.

• 노란색 은행잎을 미리 말려 두지 못했다면, 노란색을 대신할 수
있는 귤껍질을 말려서 보관해 둔다.

• 자귀나무 열매는 공원이나 숲에서 미리 주워서 모아 둔다.

• 목련 잎은 공원에서 미리 수집하여 보관하다.

• 노란 국화꽃도 공원 등에서 수집하여 냉장고에 보관하여 색을 유
지한다. 꽃가게에서 버리는 꽃이 있으면 얻도록 한다.

• 양초는 빨강색, 흰색 큰 양초와 테이트 양초 200개를 준비한다.

• 자연물은 비닐봉지에 보관하지 말고 나무 소쿠리에 담아 보관한다.

• 더 다양한 색깔을 원한다면 부모들에게 요청하여 꽃 말린 것을
얻으면 좋다.(장미, 국화 등 색깔이 진한 꽃잎)

 **만다라 준비물**

- 갈색: 밤, 목련 잎, 솔방울, 스토로브 잣나무 열매, 땅콩 껍질, 고구마, 편백나무 열매, 조개껍질, 침엽수 나뭇잎, 도토리
- 노랑: 귤껍질 말린 것, 국화꽃, 은행잎 말린 것, 튤립 나뭇잎
- 초록: 금송나무잎, 솔잎, 사철나무잎, 편백나무잎, 호랑가시나무잎, 동백나무잎
- 붉은색: 남천나뭇잎과 열매, 사철나무 열매, 피라칸사 열매, 국화꽃, 담쟁이덩굴 잎, 감나무잎, 꽃양배추, 포인세티아잎, 화살나무잎
- 흰색: 무, 꽃양배추, 흰색 양초 (10cm)
- 검정: 홍합 껍질

만다라 행사

- 원장과 산타클로스를 따라서 사진 길을 통과하여 만다라가 있는 곳으로 안내한다.
- 낮은 연령은 자전거 그림과 로켓 그림과 높은 연령은 달팽이집 그림을 정해 주고 주어진 자연물을 사용하여 아름답게 꾸며 보도록 안내한다.
- 다양한 만다라 사진을 제시하여 참고할 수 있도록 돕는다.
- 아름답게 구성이 되면 전체 아동이 동그란 원으로 선다.
  안쪽에 아동이 바깥은 부모가 서도록 한다.
- 가운데 촛불을 붙이고 아이들에게 호박초롱을 나누어 준다.
- 나누어진 호롱에 불을 교사들이 다 붙이는 동안 부모들이 '고요한 밤 거룩한 밤'을 불러 준다.
- 불 붙이기가 끝나면 호롱불을 들고 있는 아이들을 바라보며 부모들이

커다란 만다라를 협력하여
완성하고 모두 그 아름다움에
감탄하고 있다. 설경 속에 펼쳐진
커다란 꽃 한 송이 만다라가 삭막한
겨울을 아름답게 장식했다. 이때
감탄만 하고 있기보다는 서로의
마음을 어루만져 줄 수 있는
노래를 합창하면 그 감동이 가슴에
오래오래 남을 것이다. '당신은
사랑받기 위해 태어난 사람' 추천!

두 손을 아이들을 향해 펴고 축복의 노래 '당신은 사랑받기 위해 태어난 사람'을 불러 준다.

- 이때 교사들도 아이들과 함께 서서 부모들의 축복을 받는다.
- 이 노래가 끝나면 사회자의 안내에 따라 높은 연령 학부모 스무 분은 퇴장하는 장소로 이동하여 솔가지 터널을 만들고 아이들을 기다린다.
- 아이들이 모두 퇴장한 뒤, 부모들은 아이들과 인사한다. 부모들은 원장과 함께 마무리모임을 하게 되니 아침모임을 한 장소로 이동한다.
- 원장과 산타클로스가 앞장서면 높은 연령부터 반별로 질서를 지켜 산길을 내려간다. 이때 아이들은 '고요한 밤 거룩한 밤'을 부르며 터널을 통과하여 퇴장한다.
- 낮은 연령 아동은 부모와 함께 솔가지 터널을 지나서 퇴장한다.

🌰 교사를 위한 팁

숲이라는 도화지 위에 솔방울로 선을 만들고 나뭇잎과 자연물로 색을 넣는다. 모두 함께 그림을 만드는 과정을 거치면서 아이들은 종이에서 느낄 수 없는 자유로움과 조화를 느낄 수 있다.

행사 전날, 아이들과 함께 솔방울로 달팽이집 모양을 그려 둔다. 그렇게 하면 준비 시간을 절약할 수 있고, 아이들에게도 의미 있는 활동이 된다.

그림이 훼손될 수 있으니 솔방울을 여유 있게 모아서 보관하고, 망가진 경우에는 아침에 등원하여 보수한다.

만다라 재료
이렇게 모아요

여러 가지 재료를 탐색한 뒤 자신이 원하는 색을 골라서 그림을 채색하고 있다. 재료 하나하나 준비 과정이 있었기에 부모가 궁금해 할 때 아이들이 "이것은 편백나무 열매야"라며 자신 있게 말했다. 그리고 이제 아이들은 산책길에서 만난 풀이나 나뭇잎을 그냥 지나치지 않고 자연물 주머니에 담아 와서 관찰하고 각종 꾸미기 놀이에 쓴다. 감수성이 민감해지고 관찰력이 좋아진 아이들은 식물도감, 나무도감을 뒤적이며 자기가 가져온 꽃과 풀 이름을 찾아본다. 이런 과정에서 자연스럽게 글씨도 익힐 수 있다.

행사 계획을 한 달 전에 세우고 전체 유아가 자연물을 모으면 다양한 식물에 대해 배울 수 있다.

솔잎

산에 그림을 그릴 재료로 사용하자면 생각보다 많은 양이 필요하다. 솔잎이 흔한 듯해도 막상 모으려고 하면 쉽지 않다.

등산 갔을 때 전지해 쌓아둔 소나무를 눈여겨봐 두었다가 숲반 친구들과 찾아가 가위를 사용하여 소나무 잎을 구해 왔다. 10개씩 잘라서 모아 보고 서로 가위 대신 전지가위도 사용해 보며, 숫자 탐색과 소근육 사용도 충분히 할 수 있었다. 솔잎 자르는 활동을 하는 동안 일상에서는 맡기 어려운 솔잎 향을 맡을 수 있어 좋았다. 이렇게 오감을 모두 사용하여 재료를 준비하는 과정이 아이들에게는 살아 있는 교육이다. 아울러 정성껏 준비한 솔잎으로 다과상 차리기와 아침모임 장소 큰 원,

로켓, 자전거 등을 그리며 아이도 교사도 큰 성취감을 느낄 수 있었다.

무로 표현된 흰색

겨울은 다양한 색을 찾기가 어렵다. 그렇다고 해서 색을 표현하려고 여러 가지 색깔의 꽃을 산다면, 재료 구입비가 만만치 않고 또 무엇보다 아이들이 직접 재료를 준비하고 탐색하는 교육 과정이 없다는 치명적인 단점이 있다. 과정을 통해 자연을 알아가는 숲활동 취지를 살리기 위해 아이들과 함께 재료로 찾아보았다. 우선, 텃밭에서 수확한 무를 재료로 써 보자는 의견이 나왔다. 아이들과 교사가 직접 기르고 수확한 재료를 사용하다 보니 아이들도 만다라 꾸미기에 더 재미를 느끼고 참여가 활발했다. 이렇듯 숲 행사는, 행사를 위한 행사가 아니라 준비 과정을 통해 모두 함께 즐기고 배우는 중요한 과정이다.

다양한 솔방울 모으기

공원에 산책 가던 날, 솔방울 10개씩 줍기 놀이를 하며, 솔방울과 스트로브 잣나무 열매를 잔뜩 모아 두었다.

이것은 흰색 송진이 묻어 있어 크리스마스 트리도 만들고 솔방울 둥근 화환도 만들 수 있어 다양한 용도로 사용 가능하다.

양을 충분히 준비하여 솔방울로 달팽이의 윤곽선을 그리는 재료로도 사용했다. 자연물을 이용하니 편안한 느낌과 부드러운 선을 나타낼 수 있었다.

6

퇴장식과
마무리 모임

행사를 마친 뒤에는 호박초롱불이 꺼지지 않도록 천천히 조심해서 산길을 내려간다. 아이들은 부모와 이야기를 나누거나 성탄절 노래를 부르며 솔가지 터널을 지나 교실로 들어간다.

- 만다라에서의 일정이 끝나면 솔가지 터널을 만들어 줄 학부모들은 먼저 터널을 만들 장소로 이동한다.
- 아이들은 호박초롱을 들고 부모와 이야기를 나누며 하산한다.
- 산타클로스와 원장이 앞장서고 그 뒤를 따라서 산길을 이동한다. 7세부터 높은 연령이 먼저 뒤를 따라가며 '고요한 밤 거룩한 밤'을 부르며 따라 간다. 낮은 연령 아이들은 부모와 함께 걷는다. 이때 촛불을 들고 걷는데 불이 꺼지지 않도록 조심한다.
- 낮은 연령 아이들은 부모와 헤어지기 싫어하므로 일찍 귀가하는 친구들은 교사와 인사를 하고 귀가한다.
- 아이들이 터널을 지나 교실로 들어갈 때, 학부모들은 아이들에게 격려의 말과 인사만을 건넨다.
- 아이들이 솔가지 터널을 지나 교실로 들어가면, 부모들은 아침모임 장소에 모여서 원장과 짧게 담소하고 행사를 마무리한다.

신성교회

 **마무리모임**

참석해 주신 부모들과 둘러서서 서로의 얼굴도 살펴보고 몸을 움직이며 간단한 놀이를 한다. 교사는 행사에 참여해 주고 도움의 손길을 건네준 부모들에게 고마운 마음을 전한다. 아울러 숲활동을 하면서 변화한 아이들의 모습에 대해 이야기한다. 아이들의 겨울 복장에 대해 안내하고, 원장의 인사말로 행사를 마무리한다.

7

크리스마스 행사 구성 요령

성극 준비

숲에서 이루어지는 행사이니 만큼 규모가 크고, 그런 만큼 준비 시간과 노력이 더 많이 들어간다. 야외에서 이루어지는 큰 행사를 잘 진행하려면 무엇보다도 음향 시설이 중요하다. 아이들의 목소리가 잘 전달될 수 있도록 휴대용 앰프 설치와 무선 마이크가 필요하다. 본 행사가 있기 전날에 총 예행연습이 필요하며, 이때 볼륨 조절과 충전 상태를 확인한다. 아무리 음향기기 도움을 받는다고 해도 실내보다는 소리 전달이 잘 되지 않으니, 아이들은 여러 차례 마이크를 사용하여 사용법을 익히고, 발성 연습도 충분히 해야 한다. 아울러 본 공연 때에는 부모들의 협조가 필요하다. 관객들은 최대한 조용한 가운데 연극을 관람하고, 사진 촬영을 위해 무대 앞으로 나오는 행동은 삼가야 한다. 이러한 외부적인 요건과 협조도 필요하지만, 무엇보다 중요한 것은 아이들이 자신의 역할을 이해하고 연기를 해야 한다는 점이다.

아이들이 대사를 외우기 쉽고 많은 아이가 참여할 수 있도록 교사는 대본을 매만지고 역할을 수정한다. 그리고 등장인물로 참여하지 못하거나 부끄러움을 많이 타는 등 여러 가지 이유로 참여하기를 피하는 친구들도 모두 동참할 수 있도록 합창과 율동을 넣어 성극을 구성하는 것이 좋다.

성극 의상은 성인용 무대 의상을 참고해 교사들이 만들어야 한다. 우선 주변 교사들 중에 디자인과 색상, 천의 선택을 맡기고 재봉틀과 바느질을 할 수 있는 교사를 찾는다. 천을 고를 때에는, 바느질을 하기 쉬운 천이어야 하고, 바느질을 할 교사와 함께 가서 천을 사는 것이 좋다. 단조로운 의상에 포인트를 주려면 망토를 만드는 것도 좋다.

하녀 의상은 치마를 만들고 고무줄을 넣고 하녀 모자를 만들 때 동그란 원에 주름을 잡고 고무줄을 넣어 바느질하는 것이 어려우면 삼각 머리 수건을 만드는 것도 좋다. 아니면 시중에 판매하고 있는 앞치마와 두건을 사용하는 방법도 있다.

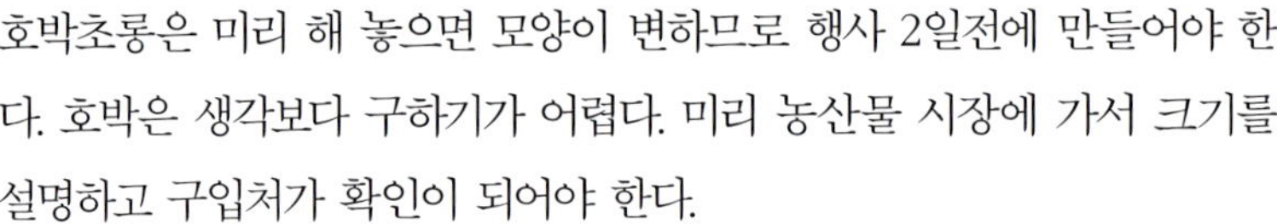 ## 호박초롱 만들기

호박초롱은 미리 해 놓으면 모양이 변하므로 행사 2일전에 만들어야 한다. 호박은 생각보다 구하기가 어렵다. 미리 농산물 시장에 가서 크기를 설명하고 구입처가 확인이 되어야 한다.

1. 주먹만한 호박 구하기
2. 일주일 전에 호박을 아동 수대로 주문한다.
3. 조각칼을 준비한다.
4. 행사 2일 전에 조각해야 하므로 부모님들께 도움을 요청한다

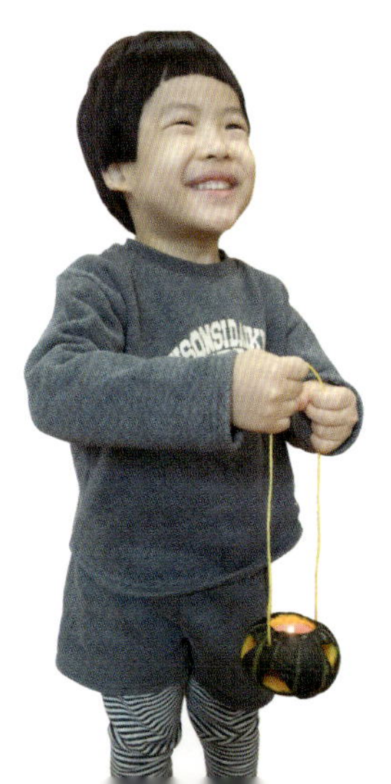

조각칼 사용이 두려웠지만 실제로
아이들에게 시켜 보니 괜한 걱정이었다.
열심히 집중하여 칼을 사용하고 자리를
뜨지 않고 조각을 한 친구도 있다. 어떤
친구는 집에 가지도 않고 늦은 시간까지
조각에 열중했다.
호박이 생각보다 잘 잘라지니 아이들과
꼭 함께하기.

5. 위 뚜껑 부분을 칼로 도려내고 작은 수저로 호박 속을 파낸다.
6. 아이들과 부모님이 함께 세모 네모 모양으로 구멍을 낸다.
7. 아이들이 들을 수 있도록 지끈을 매어 쥰다.
8. 손잡이까지 완성되면 초를 넣어 불을 켠다.

조각은 높은 연령 아이들이 함께 하루 활동으로 하면 된다. 각 원의 형
편에 따라 조각칼을 충분히 준비한다. 부모들의 도움을 받으면 훨씬 편
하게 준비할 수 있다. 한군데서는 카드 만들기, 또 한군데서는 호박 파
기로 나누어 활동하고, 조각을 마치면 지끈으로 손잡이까지 달아 둔다.

지끈이 너무 짧으면 손이 뜨거울 수 있으니 지끈 길이를 적당히 잘 조절해야 한다.

다 만든 호박초롱은 서늘하고 그늘진 곳에 보관한다. 초와 불을 켜는 도구를 넉넉하게 준비해야 한다. 이렇게 하면 호박초롱은 준비가 다 된다. 그런데 숲 행사는 교실과는 달리 호박초롱을 미리 설치할 수 없고, 설치할 공간도 꽤 방대하여 어려움이 따른다. 행사 시간을 11시 정도로 하고 당일에 부모와 함께 등원하도록 하는 것이 좋다. 또 한 가지 방법은 오후부터 행사를 진행하는 방법도 있으니 원의 여건에 따라 선택한다.

교사들은 전날 저녁 퇴근 전에 행사에 쓸 재료를 현관에 꺼내 둔다. 그리고 각 영역의 담당자를 두어 아침 출근과 동시에 각자 맡은 영역 구성을 먼저 하고 맡은 영역이 끝난 교사는 준비중인 영역을 돕는다. 아울러 총책임자를 정하여 전체 진행 상태를 살피고 총괄하여야 한다. 그래야 일손이 부족한 곳에 도움을 줄 수 있다.

 ## 트리 만들기

준비물 나무줄기, 톱, 마 끈 , 솔방울
1. 지름 3-4cm의 왕벗나무 줄기 모으기

2. 가장 두꺼운 줄기를 아래 기준으로 삼아서 100cm 길이로 자른다.

3. 가장 아래에 쓰는 나무는 대략 100cm로 하여 점점 짧은 나무를 쌓아 가며 세모 모양을 만든다.

4. 다 자른 뒤 마 끈 6합 굵기를 사용하여 아래에서부터 점점 위로 오른쪽과 왼쪽가장자리를 엮어서 트리 모양을 만든다.

5. 맨 위에는 나무에 묶을 수 있도록 고리를 만들고 소나무에 아이들이 꾸밀 수 있도록 매달아 준다.

6. 금색 리본과 크리스마스 리본을 묶어서 트리의 화려함을 표현한다.

7. 솔방울에 금색 라카를 뿌리고 리본을 달고 마 끈을 30cm로 잘라서 중심을 글루건으로 붙여서 준비해 준다.

8. 장식한 솔방울을 나무 트리에 묶도록 바구니에 놓아 준다.

9. 미리 만들어 놓은 스토로브 잣나무 열매로 만든 리스를 달아 두어 트리의 화려함을 더해 준다.

 ## 음식 준비

행사에 빠질 수 없는 것은 추운 날씨를 이겨낼 따뜻한 음식이다. 따뜻하고 정성이 들어간 음식은 무엇이 있을까? 어떻게 하면 먹음직스럽게 이 자연의 경치와 어우러지게 차릴 수 있을까? 통나무, 지게와 콩나물시루, 항아리 뚜껑과 같은 자연친화적인 소품에 다과상을 차려 보는 것은

어떨까? 소품은 각 원마다 다양하게 마련되어 있을 것이다. 그렇다면 이제 문제는 음식을 밖에서 오랫동안 따뜻하게 유지하는 법이다. 아주 간단하다. 스티로폼 상자에 담아서 보관하면 된다. 구운 달걀도 삶은 고구마도 스티로폼 상자에 넣어 두면 쉽게 열기를 빼앗기지 않는다. 차에 쓸 물도 물통에 담아 같은 방법으로 보관한다. 숲에서는 전기와 불을 사용할 수 없으니 다양한 아이디어가 필요하다. 차와 컵은 각 원에서 준비하고 뜨거운 물은 각 가정에서 보온병에 넣어 와도 좋다. 차가워도 먹는데 불편하지 않은 한과나 과일을 준비해도 좋다. 그리고 핫도그는 간식 시간에 맞춰 요리하여 숲으로 가져 오거나 아니면 스티로폼 상자에 넣어서 보관한다.

다과 상차림은 이렇게 해요

음식 준비 구운 계란, 삶은 고구마, 한과, 핫도그, 케이크, 귤, 키위, 녹차, 커피, 둥글래차, 메밀차, 종이컵, 뜨거운 물, 화장지, 쓰레기 봉투 등

상차림 소품 항아리 뚜껑 2개, 나무 소쿠리 3개, 지게, 키, 통나무 6개, 널빤지, 콩나물시루, 높은 다리책상 1개 통나무, 갈색 바구니 3개, 한지, 빨강 양초, 꽃, 작은 항아리, 도자기 국자, 주황색 마 천, 갈색 마 천, 솔방울, 금송나무 잎, 남천나무가지와 열매, 무화과나무 열매 달린 가지, 관음죽가지.

 ## 행사장 꾸미기

숲속 꾸미기를 할 때에는 자연물을 이용하는 것이 가장 바람직하다. 숲을 최대한 넓게 활용하고 자연과 조화를 생각하며 꾸미기를 한다.

겨울을 상징하는 눈꽃 모양과 자연물을 활용하여 만든 크리스마스 카드와 아이들 사진을 숲에 장식한다. 마 끈과 나무집게를 준비하고 나무에 끈을 묶어 만다라가 있는 장소까지 이어지는 길을 만든다. 사진이 길 안내 표지판 역할을 하며 만다라까지 이어지는 셈이다. 사진과 함께 아이들이 만든 자연물 카드를 설치하여 감상할 수 있게 한다. 여기에 자연물을 함께 걸어 주면 더 아름답다.

자연물은 가을부터 모아서 보관하거나 각 원의 형편에 따라 행사 일 주일 전쯤부터 모으면 된다. 이렇게 행사를 준비하다 보면 주변의 식물에 대한 아이들의 관심도가 높아지고 노랑, 빨강, 갈색 등 여러 가지 색깔을 가진 나뭇잎을 자연스럽게 탐색하게 된다. 이런 탐색을 통해 아이들은 자연의 변화에 민감해지고 관심을 갖게 된다. 숲과 행사장을 꾸밀 때에는 많은 양의 자연물이 필요하므로 짧은 시간에 준비하기보다는 시간을 두고 학부모, 유아들과 함께한다.

교사들은 평소 주변 가로수와 공원의 나무, 교회의 나무와 꽃 등을 잘 관찰하며 자연물을 구할 계획을 미리 세우는 것이 좋다. 때로는 값이 싼 채소 중에 재료를 찾아내어도 좋다. 고구마, 당근, 귤껍질, 무, 밤, 조개 껍질 등 자연물은 우리가 일상생활에서 손쉽게 구할 수 있다. 때로는 부모들께 도움을 요청해 수집하는 길도 있다. 수집 기간과 보관 방법, 보관 장소는 각 원의 형편에 따라 지혜롭게 결정한다. 자연물에 따라 때로는 신문지에 싸고 때로는 비닐에 넣어 냉장 보관한다.

사진 길 장식은 이렇게 해요

준비물 마 끈 6합 굵기, 나무집게 4.5cm 300개, 사진 200장, 크리스마스 카드 60장, 피라칸사 가지, 남천나무가지, 나뭇잎.

1. 사진을 전시할 때에는 만다라가 설치된 장소로 길 안내를 겸하도록

양쪽에 끈을 매어 오솔길을 만든다.

2. 마 끈 6합 굵기를 사용하여 만다라가 있는 곳까지 연결한다.

3. 아동당 2장씩 사진 크기는 13×18cm 크기로 출력한 뒤 코팅하여 제작한다.

4. 크리스마스 카드와 사진, 자연물을 장식하여 나무집게로 꽂아 준다.

5. 만다라 중 달팽이집 모양의 만다라가 있는 곳은 큰 원을 그리며 사진을 전시하여 산만해질 수 있는 공간을 아늑하게 꾸민다.

본 ○○○ 행사에 필요한 자연물 사진을 보내오니
학부모님은 준비하여 원으로 보내 주시면 고맙겠습니다.

감나뭇잎	남천나무	도토리	메타세쿼이아 삼나무 열매
밤	산사나무 열매	솔방울	오동나무 열매
탱자	튜울립 나뭇잎	피라칸사 열매	호랑가시 나뭇잎

겨울 숲놀이

김장 준비

활동 목표 칼을 안전하게 사용하여 채소를 자른다. 김치를 담글 때 여러 가지 재료가 들어가는 것을 배운다.

자연 탐구 과학적 탐구하기 / 간단한 도구와 기계 활용하기 / 생활 속에서 간단한 도구와 기계를 활용한다.

사회관계 사회에 관심 갖기 - 우리나라 문화에 관심 갖기

준비물 무, 갓, 대파, 야채 보관 통, 칼, 도마, 채칼, 행주

활동 방법

1. 김장을 왜 담그는지 이야기한다.

2. 김치를 담글 때 들어가는 양념에 대해 알아본다.

3. 맛있고 영양소가 충분한 고춧가루 양념에 대해 알아본다.

4. 양념으로 쓸 야채를 탐색하고 이름을 알아본다.

5. 칼을 이용해 야채 자르는 법을 알아본다.

6. 질서를 지켜 칼로 파와 갓을 썰어 본다.

7. 무는 채칼을 사용해 잘라 본다.

8. 썰어 놓은 야채는 통에 담아 냉장고에 보관한다.

확장 활동

겨울에 실내 활동 시간에 다양한 재료를 직접 도구를 사용하여 잘라 보는 활동을 계획해 본다.

- 곶감 만들기, 무말랭이, 호박 말리기 등

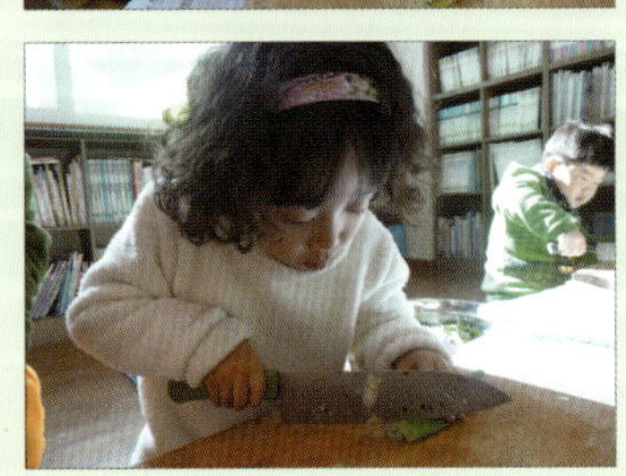

김치를 담가요

활동 목표 김치를 담는 이유와 만드는 과정을 이해하고 경험해 본다. 요리에 필요한 재료와 도구를 탐색해 본다.

의사소통 이야기를 듣고 이해하기

자연 탐구 과학적 탐구하기 / 물체와 물질 알아보기 / 물체와 물질을 여러 가지 방법으로 변화시켜 본다.

준비물 절인 배추, 고춧가루 양념 소, 커다란 볼, 앞치마, 머릿수건, 일회용 장갑, 김치 담을 통

활동 방법

1. 동물들의 월동 준비에 대하여 이야기한다.

2. 겨울잠을 자는 동물들은 어떻게 겨울을 준비하는지 알아본다.

3. 사람들은 겨울을 보내기 위하여 어떻게 하는지 알아본다.

4. 겨울에는 김장김치를 담근다는 것을 알려준다.

5. 아이들과 함께 김치를 담가 본다.

6. 앞치마, 두건을 갖추고 비닐장갑을 낀다.

7. 간 절인 배추에 고춧가루 양념을 차례차례 발라서 김치를 담근다.

8. 막 담근 김치를 맛보고 돼지고기 수육과 함께 맛있게 먹어 본다.

9. 김장김치에 대해 평가하는 시간을 갖는다.

확장 활동

무를 깍둑썰기하여 깍두기를 담아 본다.

여러 가지 야채를 썰어 보고 요리 활동을 해 본다.

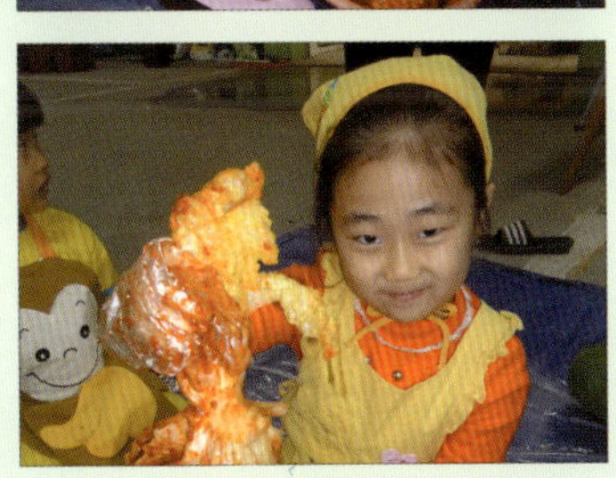

밀빵 만들기

활동 목표 불을 사용하여 요리를 할 수 있다. 불을 사용하며 재료의 변화를 알 수 있다.

자연 탐구 과학적 탐구하기 / 물체와 물질 알아보기 / 물체와 물질을 여러 가지 방법으로 변화시켜 본다.

신체 운동, 건강 건강하게 생활하기 / 바른 식생활하기 / 몸에 좋은 음식을 알아본다.

준비물 조릿대 줄기, 우리밀 밀가루, 꿀, 유정란, 구운 소금, 이스트, 미지근한 물

활동 방법

1. 따뜻한 물에 이스트를 녹인 뒤 설탕과 소금을 같이 전부 넣는다.

2. 소금과 유정란 잘 저어 섞는다.

3. 통밀가루를 채로 친 뒤 1, 2의 재료를 섞어 반죽을 한다.

4. 주걱을 이용하여 덩어리가 뭉치지 않도록 반죽을 한다.

5. 수제비 반죽 정도 되게 만든다.

6. 하루 전날 반죽을 하여 숙성을 시킨 뒤 다음날 사용한다.

7. 조릿대 줄기에 반죽을 한 번 묻힌 뒤 살짝 굽고 이렇게 2-3회 반복하여 묻혀서 굽는다.

8. 잘 구워진 밀빵을 먹는다.

확장 활동

고구마, 계란, 귤을 호일에 말아 굽는다.

얼음 깨기

활동 목표 도구를 사용하여 얼음을 깨뜨릴 수 있다. 숲에서 볼 수 있는 돌과 나뭇가지를 도구처럼 사용할 수 있음을 안다.

신체 운동, 건강 신체 조절과 기본 운동하기 / 신체 조절하기 / 도구를 활용하여 여러 가지 조작 운동을 한다.

준비물 나뭇가지, 돌멩이

활동 방법

1. 얼음을 쪼개어 탑 쌓기 계획을 한다.
2. 단단한 얼음을 어떻게 쪼갤 수 있는지 이야기한다.
3. 숲에서 얼음을 쪼갤 수 있는 도구를 찾아 본다.
4. 단단한 나뭇가지와 돌멩이를 찾아온다.
5. 얼음이 쪼개지기 쉬운 곳을 탐색한다.
6. 나뭇가지와 돌을 사용하여 얼음을 조각내어 모아 온다.
7. 얼음 조각탑이 무너지지 않게 쌓아 본다.

확장 활동

비료 포대를 사용해 썰매 타기를 계획해 본다.

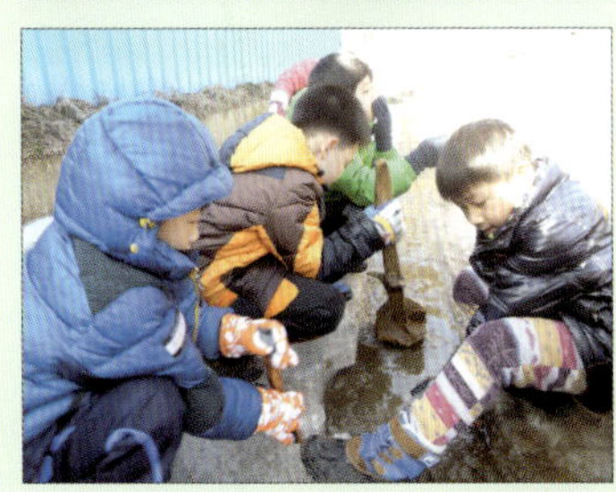

흙 케이크 만들기

활동 목표 겨울의 식물에 관심을 가지고 표현한다. 협동적인 미술 활동에 즐겁게 참여한다.

예술 경험 예술적으로 표현하기 / 미술 활동으로 표현하기

준비물 흙, 동백나뭇잎, 꽃잎, 솔방울, 피라칸사 열매, 쥐똥나무 열매(검정)

활동 방법

1. 어떤 생일 케이크를 만들지 이야기한다.

2. 아이들은 각자 자연물을 탐색하여 모아 온다.

3. 흙에 물을 넣어 반죽한다.

4. 반죽한 흙을 케이크 모양으로 빚는다.

5. 모아 온 자연물로 케이크를 꾸민다.

6. 친구 나이만큼 초를 꽂는다. (나뭇가지를 꽂아도 됨)

7. 모두 둘러앉아 노래하며 생일을 축하해 준다.

확장 활동

찰흙과 자연물을 활용하여 다양한 만들기를 계획해 본다.

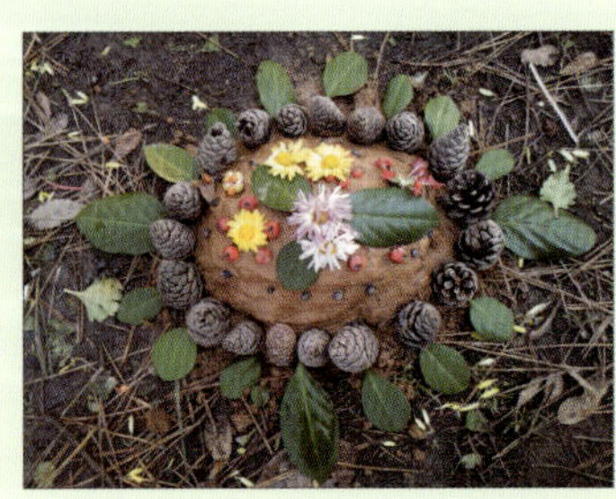

눈 케이크 만들기

활동 목표 눈과 자연물을 사용하여 아름다운 케이크를 만든다. 다양한 재료로 미술 활동을 할 수 있음을 안다.

예술 경험 예술적 표현하기 / 미술 활동으로 표현하기 / 미술 활동에 필요한 재료와 도구를 다양하게 사용한다.

준비물 눈, 여러 가지 자연물, 피란칸사 열매, 솔방울, 국화꽃, 솔잎, 둥근 케이크 뚜껑, 커다란 접시

활동 방법

1. 내가 좋아하는 케이크에 대해 이야기한다.
2. 눈으로 생크림 케이크 만들기 구상을 한다.
3. 주변에서 빨간색 열매를 찾는다.
4. 여러 가지 자연물을 모은다.
5. 흰 눈을 모아서 케이크 둥근 뚜껑에 꼭꼭 눌러 담은 뒤 꺼낸다.
6. 눈으로 만든 케이크를 접시에 담고, 여러 가지 색의 자연물로 장식한다.
7. 초를 나이 수만큼 꽂고 불을 켠다.
8. 생일 축하 노래를 하고 불을 끈다.

확장 활동

눈으로 여러 가지 곤충이나 동물을 만들고 눈과 팔과 다리는 나뭇가지 등 자연물을 활용하여 완성하도록 계획해 본다.

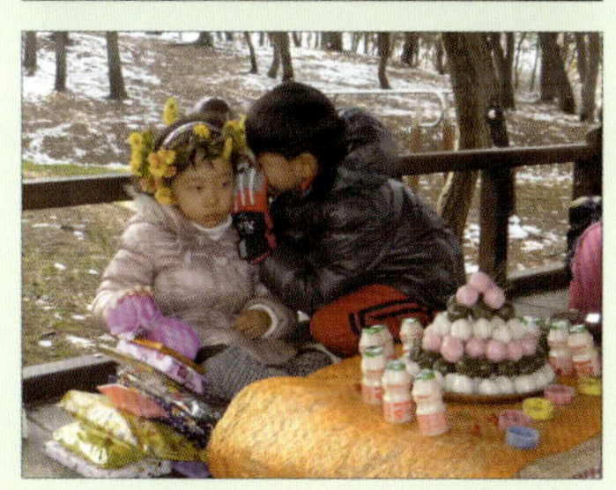

눈썰매 타기

활동 목표 겨울철 날씨의 특징을 알고 미끄러운 눈의 특성을 이용하여 활동한다.

신체 운동 신체 조절과 기본 운동하기 / 신체 조절하기

준비물 썰매, 비닐, 장갑, 목도리, 마스크, 방수 바지, 방수 장화

활동 방법

1. 눈 내리는 하늘을 보며 눈이 내리는 원리에 대해 이야기한다.

2. 눈이 올 때 할 수 있는 놀이에 대해 이야기한다.

3. 잘 미끄러지는 것은 무엇이 있는지 생각해 본다.

4. 밖에 나가기 전 준비할 것에 대해 이야기한 뒤 모자, 장갑, 목도리, 방수 바지, 방수 장화를 준비한다.

5. 썰매와 비닐 포대를 가지고 숲으로 나간다.

6. 썰매를 탈 순서를 정한다.

7. 뒤에서 너무 세게 썰매를 밀지 않도록 주의하며 신 나게 썰매를 탄다.

확장 활동

눈사람 만들기와 이글루 만들기 등 눈으로 할 수 있는 다양한 놀이를 계획한다.

자연물 그림 그리기

활동 목표 숲에 있는 다양한 색을 가진 자연물에 관심을 가진다. 자연물을 활용하여 그림을 그려 본다.

자연 탐구 자연 현상 알아보기 / 돌, 물, 흙 등 자연물의 특성과 변화를 알아본다.

예술 경험 예술적 표현하기 / 미술 활동으로 표현하기

준비물 다양한 색상의 자연물, 나뭇잎, 열매, 가지

활동 방법

1. 숲에서 여러 색상의 자연물을 모아 채집 주머니에 담는다.

2. 자연물을 색깔별로 분류해 본다.

3. 흰색 천을 바닥에 넓게 펴 준다.

4. 여러 명의 친구가 어떤 그림을 그릴지 의논한다.

5. 자연물을 사용해 협동 작품을 꾸며 본다.

6. 다양한 색상을 섞어 그림을 완성한다.

7. 다 함께 감상한다.

확장 활동

자연물로 여러 가지 만들기 활동을 계획해 본다.

만다라 꾸미기

활동 목표 여러 가지 자연물을 활용하여 색상별 분류를 할 수 있다.

예술 경험 예술적으로 표현하기 / 미술 활동으로 표현하기

준비물 나뭇가지, 다양한 나뭇잎, 열매, 돌

활동 방법

1. 만다라 꾸미기에 대해 이야기한다.

2. 숲에서 다양한 색의 자연물을 모은다.

3. 모아온 자연물을 색깔별로 분류해 본다.

4. 몇 가지의 색상인지 세어 보고 칸을 나누어 본다.

5. 서로 의논하여 가장 아름다운 배치를 계획하고 자연물을 놓는다.

6. 만다라를 완성하고 감상한다.

확장 활동

여러 가지 그림을 자연물로 그린 뒤 다양한 색상의 자연물을 활용하여 색을 칠할 수 있는 활동을 계획한다.

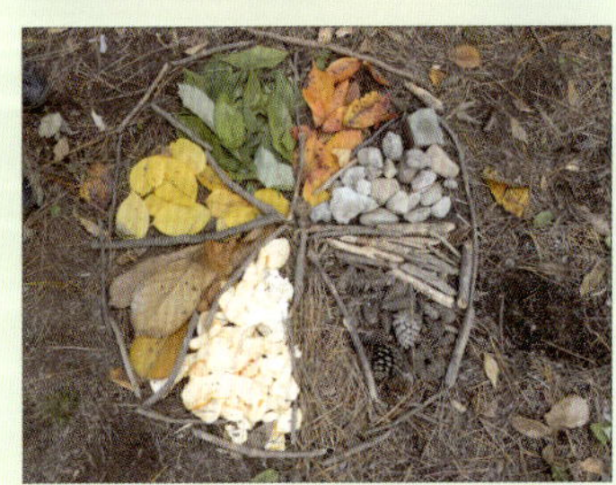

크리스마스카드 만들기

활동 목표 다양한 자연물을 이용하여 창의적으로 표현할 수 있다.

예술 경험 예술적으로 표현하기 / 미술 활동으로 표현하기

준비물 글루건, 다양한 자연물(초록, 빨강이 있는 자연물 많이), 흰색 머메이드지, 금색 반짝이 사인펜, 은색 반짝이 사인펜

활동 방법

1. 크리스마스에 대해 이야기한다.
2. 산타클로스 할아버지에게 보낼 카드를 만든다.
3. 공원과 숲에서 초록 나뭇잎과 빨강색 열매들을 찾는다.
4. 모아온 자연물을 색상별로 모양별로 분류하여 담는다.
5. 자신의 카드 위에 마음에 드는 자연물로 모양을 꾸며서 놓는다. 성탄절을 생각하며 트리 모양이나, 솔방울 둥근 화환 꾸미기를 해 본다.
6. 마음에 드는 모양이 만들어지면 교사와 함께 글루건을 사용하여 붙인다.
7. 카드가 완성되면 교실 게시판에 전시하고 감상한다.

유의점

글루건은 뜨겁고 위험하므로 반드시 교사와 함께하도록 한다.

X-Mas

X - mas

X - mas

X - mas

X-MAS
X-mas
X-mas

솔방울 트리 만들기

활동 목표 협동적인 미술 활동에 즐겁게 참여한다. 다양한 재료를 이용하여 트리를 아름답게 꾸민다.

예술 경험 미술 활동으로 표현하기 / 미술 활동에 필요한 재료와 도구를 다양하게 사용한다.

준비물 솔방울, 글루건, 작은 통나무, 금색 종, 금색 은색 리본, 화병, 금색 줄, 빨강색 피라칸사 열매

활동 방법

1. 크리스마스에 대해 이야기한다.

2. 교실을 꾸밀 트리를 만들기로 한다.

3. 트리를 무엇으로 만들지 의논한다.

4. 손쉽게 구할 수 있는 솔방울을 사용하기로 한다.

5. 친구들과 함께 숲에 나가 10개씩 3번 솔방울을 주워 온다.

6. 솔방을 주워 온 친구는 10까지 세며 바구니에 놓는다.

7. 모아진 솔방울을 가지고 교실로 돌아온다.

8. 교사와 함께 글루건으로 솔방울을 붙이며 트리 모양을 완성한다.

유의점

솔방울 트리는 생각보다 무거워서 도자기 화병이나 무게가 있는 병에 꽂아야 안정감 있게 세워 둘 수 있다.

밀랍 초 만들기

활동 목표 밀랍이 초의 재료가 됨을 배운다. 협동적인 미술 활동에 즐겁게 참여한다.

자연 탐구 물체와 물질 알아보기 / 물체와 물질을 여러 가지 방법으로 변화시켜 본다.

예술 경험 예술적 표현하기 / 미술 활동으로 표현하기

준비물 가스렌지, 작은 냄비, 나무젓가락, 양초 심지, 작은 컵, 꽃잎과 열매

활동 방법

1. 꿀벌이 밀랍으로 집을 짓는 이유에 대해 알아본다.
2. 밀랍에는 천연 항생제 성분이 있어 알을 건강하게 키울 수 있다.
3. 밀랍으로 된 초를 켜면 습기를 제거하고 세균 번식도 막아 준다.
4. 밀랍을 만져 보고 냄새를 맡아 본 뒤 양초 만들 준비를 한다.
5. 아이들은 차례로 나와 밀랍을 저어서 녹이고, 다 녹은 것은 컵에 붓는다.
6. 양초 심지는 컵 크기에 맞게 잘라서 밀랍에 적셨다 꺼내어 식힌다.
7. 심지는 밀랍이 뜨거울 때 꽂고 나무젓가락으로 고정하여 식힌다.
8. 양초 위에 자연물을 올려놓아 아름답게 꾸며서 완성한다.
9. 뜨거우므로 다 만든 뒤에 아이들의 손이 닿지 않는 곳에 놓아 둔다.
10. 다음날 초를 켜고 향을 맡으며 휴식을 취한다.

유의점

불을 사용하므로 한 명씩 나와서 밀랍을 녹여 보고 컵에 부어 식을 때까지 눈으로만 본다.

땅속 애벌레 찾기

활동 목표 추운 겨울 애벌레를 관찰하며 곤충들의 겨울나기를 알아본다. 땅속에서 벌레를 찾아보고 관찰한다.

자연 탐구 과학적 탐구하기 / 생명체와 자연환경 알아보기 / 관심 있는 동식물의 특성과 성장 과정을 알아본다.

준비물 삽, 관찰 통, 돋보기

활동 방법

1. 곤충들의 겨울나기에 관한 책을 읽어 본다.

2. 번데기, 알, 성충으로 겨울을 나는 곤충에 대해 알아본다.

3. 여름에 텃밭에서 보았던 곤충에 대해 이야기한다.

4. 텃밭에서 본 곤충들이 지금은 어디에서 겨울을 나고 있을지 생각해 본다.

5. 곤충들이 땅속에 있다고 생각하는 친구에게 땅을 팔 수 있는 도구를 소개한다.

6. 땅속에서 발견한 작은 애벌레를 돋보기로 관찰한다.

7. 만져 보고 돋보기로 관찰한 뒤에 다시 땅속에 놓아준다.

8. 애벌레가 무사히 성충이 되기를 바라며 활동을 마친다.

유의점

삽을 사용할 때 주위에 있는 친구가 다치지 않도록 조심한다. 애벌레를 함부로 누르거나 괴롭히지 않는다.

겨울잠을 자요

활동 목표 낙엽이불을 덮고 누어서 겨울잠을 자는 동물에 대해 알아본다.

자연 탐구 과학적 탐구하기 / 생명체와 자연 환경 알아보기 / 생명체의 소중함을 알고 생명체가 살아가기에 좋은 환경에 대해 알아본다.

준비물 낙엽

활동 방법

1. 겨울잠을 자는 동물에 대해 책을 읽는다.

2. 동물들과 곤충들 중 겨울잠을 자는 동물에 대해 알아본다.

3. 동굴과 땅속 나뭇껍질 속 낙엽 속 다양한 방법으로 겨울을 지내는 것에 대해 알아본다.

4. 숲에서 낙엽을 본 뒤 낙엽이 얼마나 따뜻한지 알아보기로 한다.

5. 낙엽이불을 덮어 보고 싶은 친구가 낙엽 위에 누우면 친구들이 낙엽을 모아 이불을 만들어 준다.

6. 낙엽이불 속에 들어가 본 뒤 느낌을 말해 본다.

유의점

활동을 마친 뒤 옷을 잘 털고 집에 돌아가면 반드시 씻도록 한다.

천사 날개 그리기

활동 목표 신체를 활용하여 온몸으로 그림을 그리며 즐겁게 논다.

신체 운동, 건강 신체 조절과 기본 운동하기 / 신체 조절하기 / 신체 각 부분의 움직임을 조절한다.

준비물 방수 겉옷, 장갑

활동 방법

1. 눈 위에 어떤 그림을 그려 보고 싶은지 이야기한다.

2. 천사가 되어 보고 싶다는 친구에게 날개를 달아 주기로 한다.

3. 날개를 그릴 방법을 생각해 본다.

4. 누워서 팔과 다리를 움직여 날개를 표현하기로 한다.

5. 방수가 잘 되는 겉옷을 입은 친구가 눈밭 위에 눕는다.

6. 눈밭에 누워 팔과 다리를 마음껏 위아래로 움직인다.

7. 날개옷이 그려지면 움직임을 멈추고 하늘을 감상한다.

8. 활동이 끝나면 일어나서 옷에 묻은 눈을 친구의 도움을 받으며 잘 털어 낸다.

유의점

방수된 옷인지 확인한 뒤 눕는다. 복장이 제대로 갖추어지지 않은 채 누우면 옷이 젖어 감기에 걸릴 수 있으니 조심한다.

솔잎 자전거 타기

활동 목표 다양한 재료를 사용하여 미술 표현 활동을 할 수 있음을 알 수 있다. 서로 협동하여 그림을 그리며 협동심을 기를 수 있다.

예술 경험 예술적 표현하기 / 미술 활동으로 표현하기 / 협동적 미술 활동에 참여하여 즐긴다.

준비물 솔잎

활동 방법

1. 탈것에 대해 이야기한다.

2. 운전하고 탈 수 있는 것에는 무엇이 있는지 이야기한다.

3. 자전거를 타 본 경험을 이야기하며 서로 협력하여 자전거를 그리기로 한다.

4. 숲에서 도구를 사용하지 않고 그림을 그리는 방법에 대해 이야기해 본다.

5. 솔잎이나 솔방울처럼 쉽게 찾을 수 있는 재료를 선택한다.

6. 솔잎을 발이나 나뭇가지로 긁어 모아 커다란 자전거를 그린다.

7. 자전거가 완성되면 한 명씩 자전거를 타고 달리는 시늉을 한다.

확장 활동

밖에서는 커다란 그림을 협동하여 그릴 수 있으므로 우주선, 어린이집 통학차 등 다양한 탈것을 그려 본다.

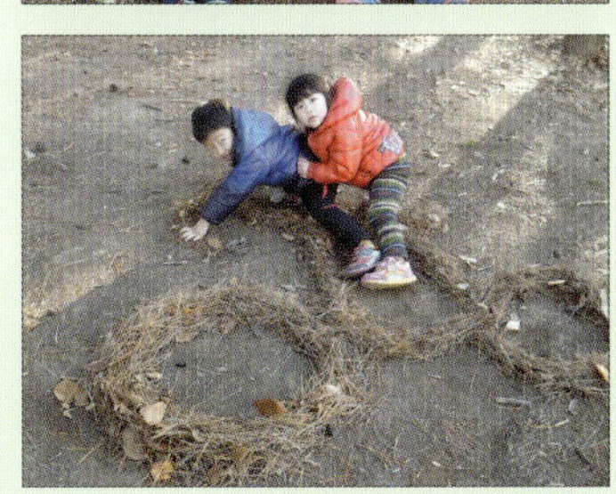

이글루 만들기

활동 목표 세계에는 다양한 종류의 집이 있음을 알 수 있다. 눈을 이용하여 집을 지을 수 있음을 알 수 있다.

자연 탐구 과학적으로 탐구하기 / 물체와 물질을 여러 가지 방법으로 변화시켜 본다.

예술 경험 미술 활동으로 표현하기 / 미술 활동에 필요한 재료와 도구를 다양하게 사용한다.

준비물 사각 플라스틱 통, 삽, 물, 방수 장갑

활동 방법

1. 여러 나라의 집에 대해 이야기한다.

2. 기후와 재료에 따라 다양한 가옥이 있음을 책을 통하여 알아본다.

3. 북극의 에스키모 인들이 사는 집은 어떻게 생겼는지 알아본다.

4. 북극에는 풍부한 얼음과 눈으로 집을 짓는다는 것을 알아본다.

5. 에스키모 인처럼 이글루를 지어 보기로 한다.

6. 눈을 모아 통에 담은 뒤 발로 꼭꼭 눌러 단단한 벽돌을 만든다.

7. 둥근 모양으로 벽돌을 붙여서 집을 지어 간다.

8. 위아래 얼음 벽돌을 붙일 때 물을 뿌려서 접착이 잘 되도록 한다.

9. 이글루를 만들고 안에 들어가 바람을 피해 본다.

10. 집을 다 지으면 친구들과 사진을 찍는다.

확장 활동

눈과 자연물을 사용하여 곤충을 만들어 보도록 계획해 본다.

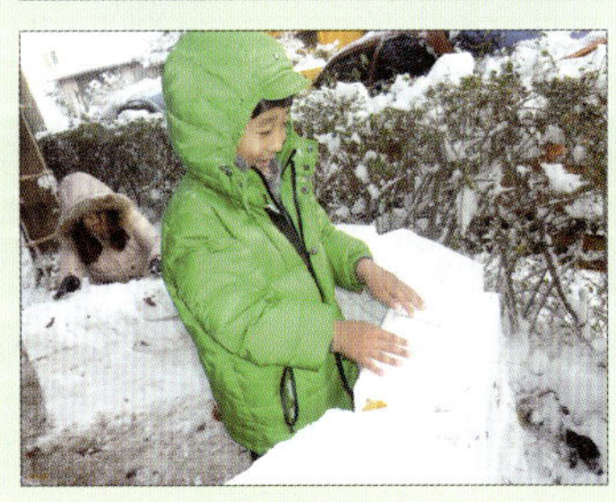

냉이 | 캐기

활동 목표 들에서 나는 풀이 먹을 수 있는 것과 먹을 수 없는 것이 있음을 안다. 냉이의 향을 안다. 들에 나 있는 식물에 관심을 가진다. 도구를 사용하여 냉이를 뿌리째 뽑을 수 있다.

자연 탐구 과학적 탐구하기 / 간단한 도구와 기계 활용하기 / 생활 속에서 간단한 도구와 기계를 활용한다.

준비물 모종삽, 작은 칼, 채집 주머니

활동 방법

1. 길가에 나 있는 풀을 보며 이야기한다.

2. 먹을 수 있는 풀은 무엇이 있을까?

3. 알고 있는 풀 이름을 말해 본다.

4. 지금까지 먹어 본 나물 이름을 말해 본다.

5. 들에 있는 풀을 모종삽을 사용하여 뿌리까지 뽑아 본다. 냄새를 맡아 보고 여러 가지 풀 향기를 맡아 본다. 그리고 냉이가 무엇인지, 냉이잎 모양과 향을 맡아 보게 한 뒤 냉이를 찾아본다.

6. 냉이 뿌리를 깨끗이 씻은 뒤 먹어 본다.

7. 냉이 탐색이 끝나면 집으로 가져가 요리해서 먹는다.

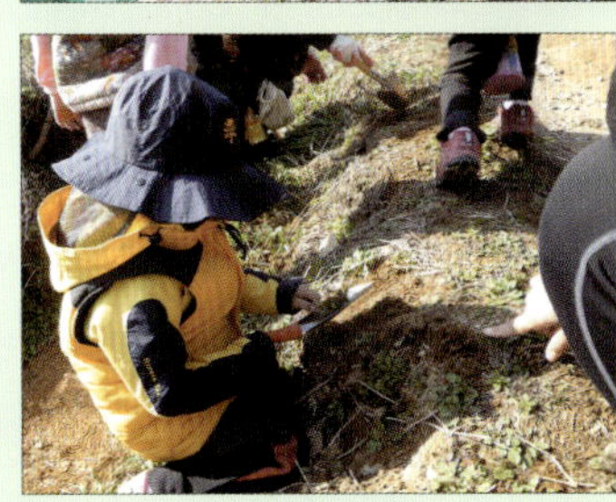

소 여물 주기

활동 목표 사람이 기르는 동물에 관심을 가진다. 소는 무엇을 먹는지 알아본다. 사람에게 도움을 주는 소에게 고마운 마음을 가진다.

의사소통 말하기 / 느낌, 생각, 경험 말하기

자연 탐구 과학적 탐구하기 / 생명체와 자연 환경 알아보기

준비물 소에 관한 책, 지푸라기

활동 방법

1. 사람이 기르는 동물에 대해 이야기한다.
2. 소가 우리에게 주는 도움에 대해 이야기한다.
3. 옛날에 소가 사람을 위해 한 일이 무엇인지 이야기한다.
4. 오늘날 소가 사람을 위해 하는 일에 대해 이야기한다.
5. 소의 먹이에 대해 이야기한다.
5. 소에게 먹이를 주며 자세히 관찰한다.
6. 우리에게 도움을 주는 동물이 또 무엇이 있는지 생각해 본다.

확장 활동

집에서 기르는 동물에 대해서 알아본 뒤 발표한다.

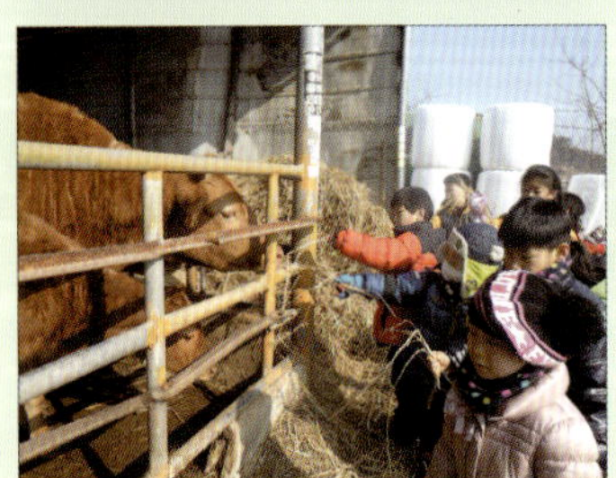

무 수확하기

활동 목표 우리가 먹을 수 있는 채소에 관심을 가진다. 채소가 밭에서 자라는 것을 안다.

신체 운동, 건강 신체 활동에 참여하기 / 자발적으로 신체 활동에 참여하기 / 신체 활동에 자발적이고 지속적으로 참여한다.

자연 탐구 과학적 탐구하기 / 물체와 물질 알아보기 / 주변의 여러 가지 물체와 물질의 기본 특성을 알아본다.

준비물 바구니

활동 방법

1. 우리가 먹는 채소 종류에 대해 알아본다.

2. 채소가 자라기까지 무엇이 필요한지 알아본다.

3. 영양분이 충분한 채소를 얻기 위하여 필요한 것과 사람이 어떤 일을 해야 하는지 알아본다.

4. 농약을 친 채소는 우리 몸에 해롭다는 것에 대해 배워 본다.

5. 농부들의 정성과 사랑으로 잘 자란 무를 보며 감사하는 마음을 가진다.

6. 자유롭게 두 손을 사용하여 무를 뽑아서 한곳에 모아둔다.

7. 다 모은 무를 봉투에 담으며 숫자를 세어 본다.

8. 어린이집에 돌아와 깨끗이 씻어 요리 활동을 해 본다.

확장 활동

깍두기 담그기, 무말랭이 등 요리 활동을 계획해 본다.

땅콩 캐기

활동 목표 땅콩의 특성에 관심을 가진다. 땅속에서 자라는 열매에 관심을 가진다. 단단한 껍질속에 알맹이가 들어 있는 것을 본다. 불을 사용해 요리하고 먹어 본다.

자연 탐구 과학적으로 탐구하기 / 생명체와 자연환경 알아보기 / 관심 있는 동식물의 특성과 성장 과정을 알아본다.

준비물 삽, 호미, 바구니

활동 방법

1. 땅속에서 자라는 열매에 대하여 이야기한다.
2. 먹어 본 열매들에 대하여 이야기를 나누어 본다.
3. 먹어 본 열매들의 맛에 대하여 이야기한다.
4. 어떻게 요리해서 먹었는지 이야기한다.
5. 삽을 사용하여 땅콩을 캔 뒤, 줄기를 잡아 흙을 털어 낸다.
6. 땅콩이 열린 모양을 관찰하고 손으로 따서 바구니에 담는다.
7. 땅콩 껍질을 만져 보고 흔들어서 소리도 탐색한다.
8. 땅콩 껍질을 쪼개어 알맹이가 몇 개씩 들어 있는지를 살펴본다.
9. 물로 땅콩껍질을 씻은 뒤 햇볕에 말린다.
10. 껍질을 까서 땅콩 열매를 모아 프라이팬에 볶는다.
11. 친구들과 맛있게 볶아진 땅콩을 먹어 본다.
12. 땅콩의 맛은 어떤지 말하여 본다.

확장 활동

땅속에서 자라는 열매들로 만든 간식을 먹거나 요리 활동을 실시할 수 있다.

조릿대 손질하기

활동 목표 전지가위 사용법 익히기

자연 탐구 과학적 탐구하기 / 간단한 도구와 기계 활용하기 / 생활에서 간단한 도구와 기계를 활용한다.

준비물 전지가위, 큰 대야, 물, 수건

활동 방법

1. 밀빵을 만들 계획을 세우고 준비물이 무엇이지 알아본다.
2. 반죽을 묻혀 불에 구우려면 어떤 나무가 좋은지 알아본다.
3. 조릿대로 하기로 결정하고 숲에서 전지가위로 조릿대를 잘라 온다.
4. 잎을 가위로 자르고 대야에 물을 받아 깨끗이 씻은 뒤 수건으로 닦는다.
5. 햇빛에 말려서 준비해 두었다가 밀빵을 구울 때 사용한다.

유의점

전지가위를 사용할 때 안전하게 사용하도록 지도한다. 조릿대 끝이 날카로우니 조심히 다루어야 한다.

눈사람 만들기

활동 목표 친구들과 협동하여 멋진 눈사람을 만든다.

예술 경험 예술적 표현하기 / 미술 활동으로 표현하기 / 협동적인 미술 활동에 참여하여 즐긴다.

준비물 방수 장갑, 목도리, 마스크, 방수 장화, 나뭇가지, 솔잎, 나뭇잎

활동 방법

1. 눈이 내릴 때 눈으로 만들 수 있는 것에 대해 이야기한다.
2. 어떻게 하면 동그랗게 잘 굴릴 수 있는지 생각해 보고 눈사람을 어떻게 꾸밀지 계획해 본다.
3. 눈을 굴려서 눈사람 모양을 만든다.
4. 주위의 자연물을 가지고 손과 머리카락, 옷을 표현해 본다.
5. 눈사람이 완성되면 함께 사진을 찍는다.

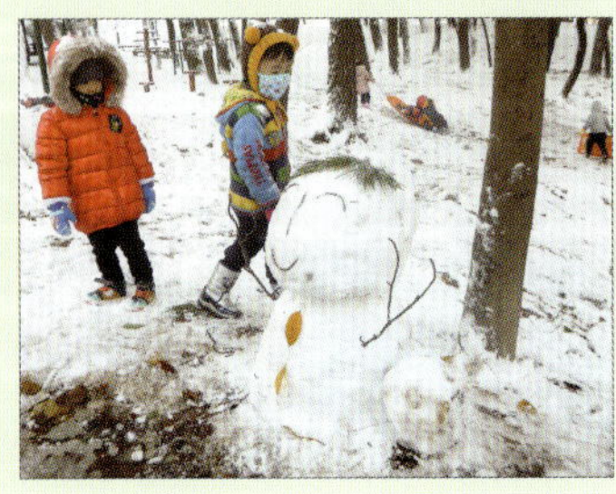

나무 둘레 재기

활동 목표 줄자를 사용하여 나무의 둘레를 재 본다.

자연 탐구 수학적 탐구하기 / 기초적인 측정하기 / 임의 측정 단위를 사용하여 길이, 면적, 넓이, 무게 등을 재 본다.

준비물 줄자, 종이, 연필

활동 방법

1. 자른 나무를 보며 둘레를 재는 방법에 대해 이야기한다.

2. 나뭇가지로 지름만큼 잘라 놓는다.

3. 잘라진 나뭇가지를 똑같은 크기로 3개를 만든다.

4. 3개의 나뭇가지를 이어 놓고 길이를 측정하여 적어 둔다.

5. 줄자로 나무의 둘레를 재어 둘레 길이를 적어 본다.

6. 나무 둘레를 잴 때 지름을 재어 본 뒤 약 3배의 길이가 나무의 둘레가 됨을 놀이를 통하여 알아본다.

7. 수학의 원리를 자연스럽게 알아본다.

확장 활동

줄자를 사용하여 나부 길이를 재어 보도록 한다. 돗자리를 깔고 친구를 눕게 한 뒤, 친구의 키를 재어 본다.

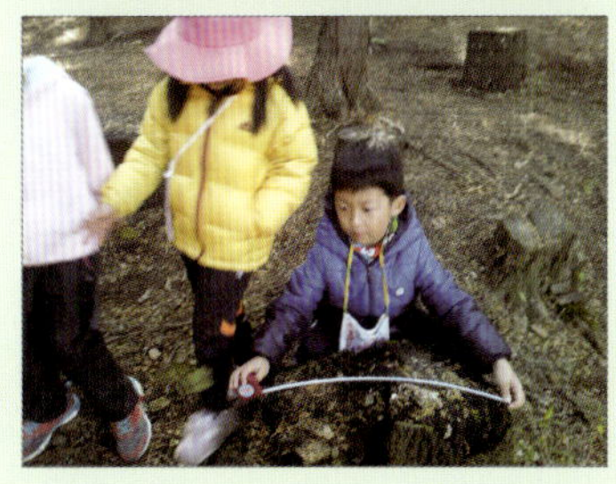

벌집 찾기

활동 목표 다양한 벌집을 찾아보고 벌집 모양의 차이와 벌집의 재료를 안다.

자연 탐구 과학적 탐구하기 / 생명체와 자연 환경 알아보기 / 생명의 소중함을 알고 생명체가 살아가기 좋은 환경에 대해 알아본다.

준비물 전지가위, 돋보기, 연필, 종이, 곤충도감

활동 방법

1. 동물의 집에 대해 이야기한다.

2. 동물은 무엇으로 집을 짓는지 생각해 본다.

3. 나뭇잎이 다 진 나무에서 새둥지나 빈 벌집을 찾아본다.

4. 벌집을 발견하면 함부로 손대지 않고 교사에게 알리기로 한다.

5. 벌의 종류에는 육식벌과 초식벌이 있음을 안다.

6. 말벌, 꼬마쌍살벌 등은 겨울에 여왕벌만 살아서 집을 떠나 겨울잠을 잔다는 것을 알려 준다. 겨울에는 벌집을 채취할 수 있으나 봄과 여름에는 벌들이 살아 있어 함부로 만지면 위험하다는 것을 알려 준다.

7. 발견한 벌집을 전지가위로 자른다.

8. 발견한 벌집을 탐색을 하며 집을 만든 재료가 무엇인지 알아본다.

9. 벌들의 집짓는 방법에 대해서 이야기한다.

10. 어떤 종류의 벌집인지 도감을 통해 알아본다.

11. 벌들도 종류에 따라 각기 다른 모양과 다른 크기의 집을 짓는 것을 안다.

유의점

벌집을 찾으면 교사에게 먼저 말하도록 알려 준다. 그래야 봄, 여름에도 벌집을 함부로 만지지 않는 습관이 형성된다.

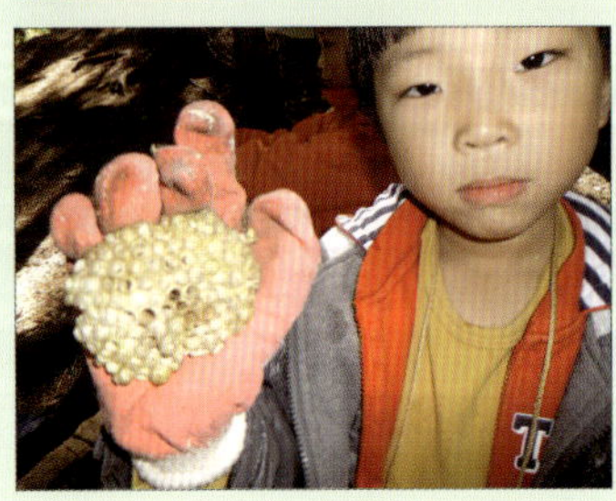

나뭇잎 꾸미기

활동 목표 나뭇잎을 사용하여 다양한 동물 모양을 꾸밀 수 있다. 다양한 나뭇잎의 모양을 탐색한다. 나뭇잎의 색이 여러 가지 색으로 변하는 것에 관심을 가진다.

예술 경험 미술 활동으로 표현하기 / 미술 활동에 필요한 재료와 도구를 다양하게 사용한다.

준비물 여러 가지 나뭇잎, 눈 모양 스티커

활동 방법

1. 나뭇잎과 눈 모양 스티커를 사용하여 무엇을 만들지 이야기한다.
2. 유아가 좋아하는 물고기와 동물을 만들어 보기로 한다.
3. 숲에서 볼 수 있는 토끼와 물고기, 고래를 만들어 보기로 한다.
4. 물고기의 특징에 대해 이야기한다.
5. 모아온 나뭇잎으로 각자 자신이 생각하는 물고기를 만들어 본다.
6. 물고기 모양을 만든 친구에게 눈 모양 스티커를 주어 완성하게 한다.
7. 여러 동물 모양을 만들어 보며 표정을 재미있게 꾸며 본다.
8. 다른 친구들이 만든 동물은 어떻게 생겼는지 감상한다.

확장 활동

여러 종류의 나뭇잎으로 동물을 만들어 붙여 액자를 완성하여 본다.

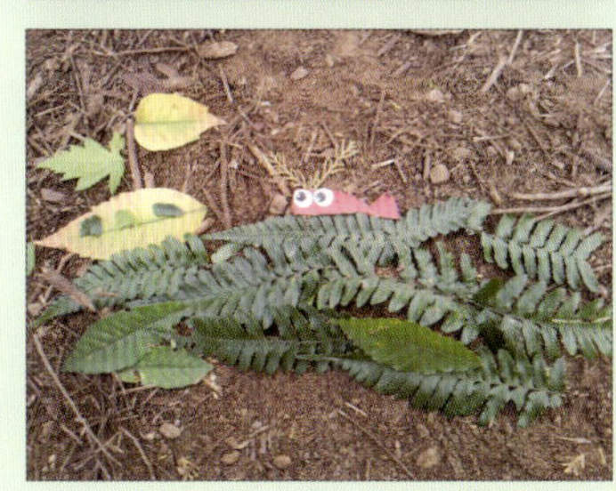

솔방울 둥근 화환 만들기

활동 목표 다양한 재료를 이용하여 장식품을 만든다. 친구와 협력하여 만들기를 한다.

예술 경험 미술 활동으로 표현하기 / 미술 활동에 필요한 재료와 도구를 다양하게 사용한다.

사회관계 다른 사람과 더불어 생활하기 / 공동체에서 화목하게 지내기 / 도움이 필요할 때 다른 사람과 도움을 주고받는다.

준비물 스토로브 잣나무 솔방울, 상수리나무 깍정이, 오동나무 껍질, 검정콩, 리본, 지끈, 소나무 솔방울, 피라칸사 열매, 글루건

활동 방법

1. 미술 영역에 제공된 재료를 살펴본다.

2. 스토로브잣나무 열매로 둥근 화환을 만들기로 한다.

3. 붉은 피라칸사 열매를 글루건으로 붙여 준다.

4. 솔방울 두 개를 눈사람처럼 붙인다.

5. 상수리나무 껍질속에 콩을 붙여 눈을 꾸민다.

6. 오동나무 껍질로 날개를 표현하여 부엉이를 완성한다.

7. 만든 부엉이를 화환 가운데 글루건으로 고정하여 붙인다.

8. 완성한 작품은 교실 입구에 붙여 장식한다.

유의점

글루건을 사용할 때 뜨거우니 반드시 교사의 도움을 받는다.

사방치기

활동 목표 친구와 협력하여 놀이를 한다.

사회관계 다른 사람과 더불어 생활하기 / 친구와 사이좋게 지내기 / 친구와 협동하여 놀이한다.

준비물 나뭇가지. 사방치기 그리기, 돌

활동 방법

1. 나뭇가지로 선을 그리고 숫자를 써 놓는다.
2. 가위바위보를 하여 이긴 팀과 진 팀으로 나눈다.
3. 이긴 팀부터 순서를 정해 1부터 돌을 던져 돌이 없는 곳을 지나 처음으로 돌아온다.
4. 선을 밟으면 다음 사람의 순서로 바뀐다.
5. 8까지 다 한 뒤에는 돌을 던져 자기 땅을 만든다.
6. 다른 사람은 상대편 땅을 밟을 수 없다.
7. 이렇게 게임을 하며 땅을 많이 차지한 팀이 이긴다.

유의점

팀을 나누어 순서대로 놀이를 진행한다.

박쥐와 나방 놀이

활동 목표 눈을 가리고 소리를 듣고 움직인다. 친구와 협동하여 놀이한다.

사회관계 다른 사람과 더불어 생활하기 / 친구와 사이좋게 지내기 / 친구와 협동하여 놀이한다.

준비물 눈가리개

활동 방법

1. 가위 바위 보로 팀을 나눈다.

2. 박쥐 역할 1명, 나방 역할 3명, 나머지는 나무 역할이 된다.

3. 박쥐 역할을 하는 친구는 눈가리개로 눈을 가린 뒤 나방들이 보내는 신호(박수)만 듣고 나방을 잡는다.

4. 너무 멀리 달아나면 소리가 안 들리므로 나무들이 원을 적당한 크기로 좁혀 준다.

5. 점점 원을 좁혀 가며 마지막 박쥐가 잡힐 때까지 놀이를 진행한다.

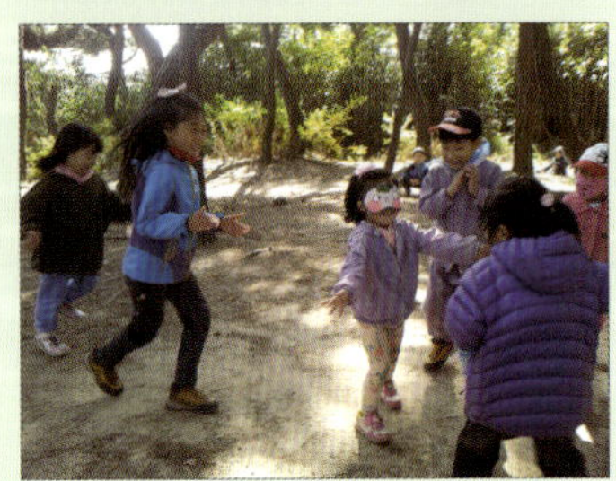

무궁화꽃이 피었습니다

활동 목표 친구와 협동하여 놀이한다.

사회관계 다른 사람과 더불어 생활하기 / 친구와 사이좋게 지내기 / 친구와 협동하여 놀이한다.

준비물 술래 정하기

활동 방법

1. 아이들 10명 이상 모였을 때 진행한다.

2. 술래 1명을 정한다.

3. 술래가 나무를 하나 정하여 등을 돌리고 눈을 가리고 서서 큰소리로 '무궁화꽃이 피었습니다'를 외치고 뒤를 돈다.

4. 술래가 보지 않을 때 빠르게 움직여서 술래 있는 곳까지 온다.

5. 술래가 '무궁화꽃이 누웠습니다' 하면 술래의 말대로 땅에 누워서 움직 이지 않는다.

6. 이렇게 여러 가지 술래의 지시를 따르며 잡기 놀이를 한다.

시장 놀이

활동 목표 물건을 직접 사 보며 돈의 사용을 안다.

사회관계 사회에 관심 갖기 / 지역사회에 관심 갖고 이해하기 / 다양한 직업에 관심을 갖는다.

준비물 1,000원, 지갑

활동 방법

1. 여러 가지 물건을 사려면 무엇이 필요한지 알아본다.

2. 시장에 가서 무엇을 사고 싶은지 이야기한다.

3. 시장 한 바퀴를 돌며 사고 싶은 물건이 있을 때 가격을 묻고 돈을 내고 물건을 사 본다.

4. 물건의 가격이 얼마인지 알아보고 물건을 산다.

5. 거스름돈이 남으면 지갑에 잘 넣어서 돌아온다.

6. 물건을 사며 재미있었던 점을 함께 이야기한다.

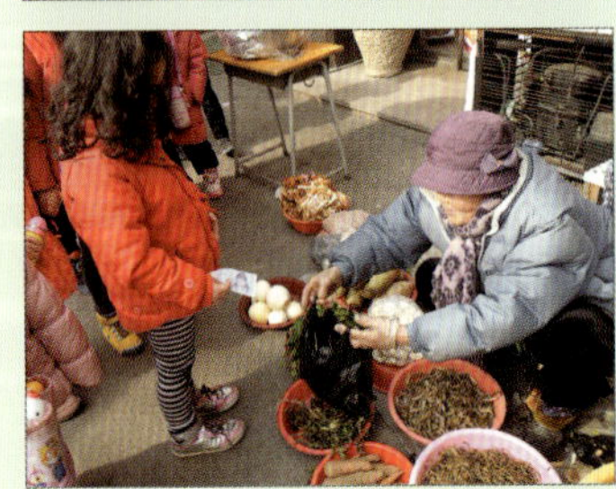

새 둥지 만들기

활동 목표 새들은 무엇으로 둥지를 만드는지 알아본다.

예술 경험 미술 활동으로 표현하기 / 다양한 미술 활동으로 자신의 생각과 느낌을 표현한다.

준비물 솔잎

활동 방법

1. 내가 만일 새라면 집을 어떻게 지을지 이야기한다.

2. 나무 위의 까치집을 보며 내가 새가 되어 새 둥지를 지어 본다.

3. 솔잎을 모아서 둥글고 푹신하게 만든다.

4. 새가 되어 둥지에서 편안히 쉬어 본다.

5. 새에 관한 책을 읽으며 여러 가지 새들의 집에 대해 더 알아본다.

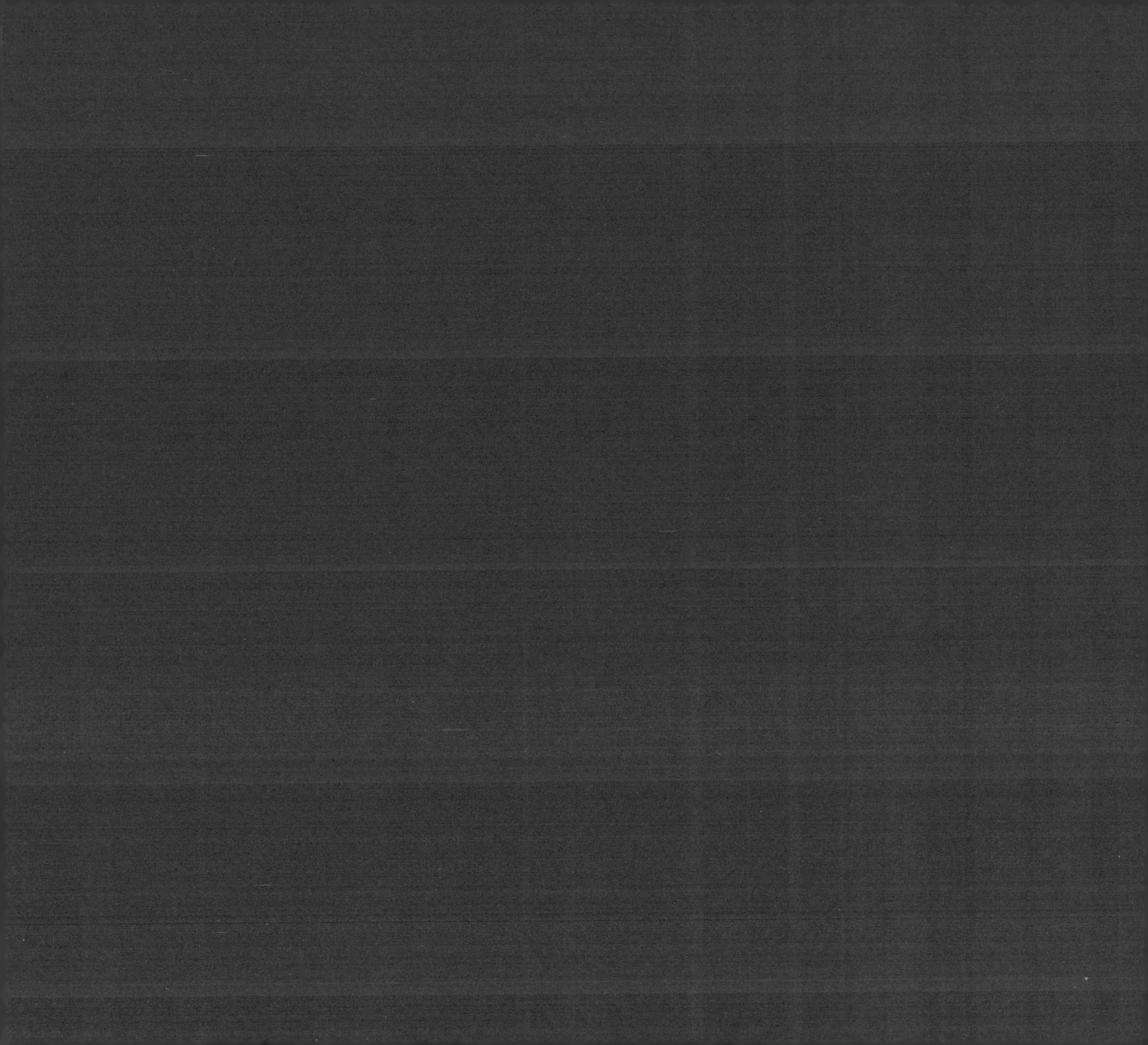